UTB

UTB 2337

W0339703

Eine Arbeitsgemeinschaft der Verlage

Beltz Verlag Weinheim und Basel
Böhlau Verlag Köln · Weimar · Wien
Wilhelm Fink Verlag München
A. Francke Verlag Tübingen und Basel
Paul Haupt Verlag Bern · Stuttgart · Wien
Verlag Leske + Budrich Opladen
Lucius & Lucius Verlagsgesellschaft Stuttgart
Mohr Siebeck Tübingen
C. F. Müller Verlag Heidelberg
Ernst Reinhardt Verlag München und Basel
Ferdinand Schöningh Verlag Paderborn · München · Wien · Zürich
Eugen Ulmer Verlag Stuttgart
UVK Verlagsgesellschaft Konstanz
Vandenhoeck & Ruprecht Göttingen
WUV Facultas · Wien

Die Reihe »Pädagogische Porträts«
wird herausgegeben von Alfred Schäfer.

Reinhard Uhle

Wilhelm Dilthey

Ein pädagogisches Porträt

Beltz Verlag · Weinheim und Basel

Über den Autor:
Reinhard Uhle, Jg. 1945, ist Professor für Allgemeine Pädagogik an der Universität Lüneburg.

Über den Herausgeber:
Alfred Schäfer, Prof. Dr. phil. habil., Jg. 1951, ist Hochschullehrer für Systematische Erziehungswissenschaft an der Martin-Luther-Universität Halle-Wittenberg.

Hinweis: Zitate nach der neuen Rechtschreibregel.

Lektorat: Peter E. Kalb

www.beltz.de
Herstellung: Christine Herth
Satz: Mediapartner Satz und Repro GmbH, Hemsbach
Druck: Druckhaus Beltz, Hemsbach
Umschlaggestaltung: Atelier Reichert, Stuttgart
Printed in Germany

ISBN (UTB): 3-8252-2337-X
ISBN (Beltz Verlag): 3-407-25272-2

Inhaltsverzeichnis

Einleitung

Ein Porträt von Diltheys Pädagogik zu geben steht – wie bisherige Versuche zeigen, die pädagogischen Schriften Diltheys vom Gesamtwerk her zu interpretieren (Herrmann 1971; Groothoff 1981) – vor der grundlegenden Schwierigkeit, dass von einer »Pädagogik« Diltheys nicht so ohne weiteres die Rede sein kann. So spricht Bollnow als Herausgeber des IX. Bandes der Gesammelten Schriften Diltheys mit dem Titel »Pädagogik – Geschichte und Grundlinien des Systems« (GS IX, 1) von »Diltheys Beschäftigung mit Pädagogik«, nicht von einem Konzept oder Entwurf einer Pädagogik. Groothoff/Herrmann (1971) geben Diltheys Überlegungen als »Schriften zur Pädagogik« heraus, nicht als Diltheys Pädagogik und sehen im Kommentar ihre »Aufgabe (darin), eine einführende und ausdeutende Darstellung der Persönlichkeit und des Werkes *Wilhelm Diltheys* zu entwerfen« (ebd., 334). Damit wird angedeutet, dass in Diltheys umfangreichen Arbeiten auch, aber nicht zentral pädagogische Fragen behandelt werden. Darüber hinaus wird an den herausgegebenen Schriften und den Kommentaren sichtbar, dass verstreute Bemerkungen Diltheys zu pädagogischen Problemstellungen erst zu einem Pädagogik-Konzept ausgearbeitet werden müssen. Denn Dilthey thematisierte Erziehungs- und Bildungsfragen in unterschiedlichen Textsorten wie unveröffentlichten Ausarbeitungen von Vorlesungen, veröffentlichten Abhandlungen und unveröffentlichten Skizzen. Seine pädagogischen Überzeugungen können ebenso aus Vorlesungsnachschriften rekonstruiert werden wie aus Andeutungen in Briefen und in Texten, die andere (philosophische, historische, anthropologische, kulturtheoretische) Untersuchungen beinhalten. Dies ist durch die Herausgabe seiner Gesammelten Schriften (GS I–GS XXIII) möglich geworden.

Bekannt aus Diltheys Beschäftigung mit pädagogischen Fragen ist vor allem der 1888 in den Abhandlungen der Akademie der Wissenschaften veröffentlichte Aufsatz »Über die Möglichkeit einer allgemeingültigen pädagogischen Wissenschaft« (GS VI, 56ff.). Er gab Anlass für Auseinandersetzungen um und Kritik an der Wissenschaftlichkeit von pädagogischen Reflexionsformen sowie für Ausformulierungen des Wissenschaftscharakters von Pädagogik im Sinne einer historisch-systematischen Disziplin, die unter dem Label »Geisteswissenschaftliche Pädagogik« oder »Pädagogik in der Dilthey-Nachfolge« bis heute diskutiert werden (vgl. z.B. Herrmann 1971, 24ff.; Kron 1999, 266ff.). Die ausführlichsten Überlegungen Diltheys zu weiteren Grundproblemen pädagogischen Denkens finden sich in den Vorlesungen über Pädagogik, über die der Dilthey-Schüler Nohl (1967, 3f.) Folgendes schreibt:

> *»Dilthey, …, hatte die Pädagogik seit dem Sommer 1874 – nachdem er bereits in Basel 1868 einmal Pädagogik als Vorlesung angekündigt hatte – in Vorlesungen behandelt unter verschiedenen Titeln: ›Geschichte der Pädagogik mit Anwendung der Psychologie auf ihre systematische Ausbildung‹ (Sommer 74). ›Geschichte der Pädagogik und Grundlinien ihres Systems‹ (Winter 74/75). Im Winter 78/79 liest er ›Geschichte des preußischen Unterrichtswesens‹. In Berlin gehörte die Pädagogik dann augenscheinlich zu seinen amtlichen Verpflichtungen, denn vom Sommer 1884 ab, in dem er sich, …, noch einmal ganz neu in die Aufgabe vertiefte, erscheint im Vorlesungsverzeichnis regelmäßig im Sommersemester ›Geschichte und System der Pädagogik‹, im Wintersemester ›Anwendung der Psychologie auf die Pädagogik als Ergänzung der psychologischen Vorlesung‹.«*

Diese Vorlesungen sollen die Grundlage dieses Porträts im Sinne einer Einführung in Diltheys pädagogisches Denken sein. Beabsichtigt ist weniger, eine weitere Interpretation des Wissenschaftscharakters der Diltheyschen Pädagogik zu versuchen, als vielmehr Diltheys inhaltliche Vorstellungen zu Aufgaben von Pädagogik als Wissenschaft und zu Grundfragen von Erziehung und Bildung vorzustellen. Der Bezug auf diese Vorlesungen in Verbindung vor allem mit der Vorlesung zu philosophischer Ethik (GS X) von 1890 bietet sich an, erstens weil Dilthey in Vorlesungsform selbst ›zuhörergerecht‹ formulieren muss, zweitens weil die Diltheyschen Überlegungen zu pädagogischen Fragen hier am ausführlichsten zu Worte kommen und drittens weil sie dem interpretativen Akzent dieses Porträts der Pädagogik Diltheys entsprechen. Dieser Akzent liegt darin, Diltheys Pädagogik als eine philosophische, weniger als eine fachhistorische Pädagogik vorzustellen, obwohl auch die Vorlesungen die »Geschichte der Pädagogik« zum Thema haben und einige Aufsätze z.B. über den Reformer des preußischen Bildungswesens Süvern (GS IV, 451ff.), über Schulreformen (GS VI, 83ff.) oder über das Problem von Staatserziehung im 17./18. Jahrhundert (GS III, 158ff.) bzw. im preußischen Allgemeinen Landrecht (GS XII, 191ff.) historische Studien darstellen.

Die Akzentuierung auf philosophische Pädagogik rechtfertigt sich dadurch, dass der oben genannten bekannten Abhandlung »Über die Möglichkeit einer allgemeingültigen pädagogischen Wissenschaft«, den Vorlesungen und anderen verstreuten Überlegungen Diltheys zu Erziehungs- und Bildungsproblemen die Grundfrage gemeinsam ist, wie Pädagogik als Reflexionsform ebenso wie andere Disziplinen, die sich auf historisch-sozial-kulturelle Welt beziehen, Legitimationen für handelndes Eingreifen in diese Welt bieten kann. Dilthey benennt dieses generelle Anliegen an verschiedenen Stellen seines Werkes (z.B. GS I, 3; GS V, 27; GS VI, 69; GS X, 13). In der Abhandlung über »Die Einbildungskraft des Dichters« von 1887 (GS VI, 189) formuliert er dieses Interesse so:

> *»Es ist die tiefste Frage, die an alles geschichtliche Leben überhaupt zu richten ist, um die es sich hier handelt. Die Pädagogik so gut als die Ethik, die Ästhetik so gut als die Logik suchen Prinzipien oder Normen, welche das Leben in ausreichender Weise zu regeln imstande seien; sie wollen sie aus den Tatsachen, die sich durch die Geschichte der Menschheit erstrecken, ableiten. Aber die unergründliche Mannigfaltigkeit und Singularität der geschicht-*

lichen Erscheinungen spottet jedes Versuchs, solche Regeln abzuleiten, ausgenommen auf dem einen Gebiet der Logik; denn hier durchschaut das Denken sich selbst und ist sich ohne Rückstand klar. Andererseits haben wir jetzt schon das Ergebnis gewonnen, dass es allgemein gültige Prinzipien oder Normen gibt, welche allem Schaffen und allem ästhetischen Eindruck zugrunde liegen. Die Betrachtungsweise der historischen Schule, welche nur beschreiben wollte und die verstandesmäßige Leitung durch wissenschaftliche Prinzipien ausschloss, ist damit für uns abgetan. Glücklicherweise! Denn das Leben verlangt gebieterisch eine Leitung durch den Gedanken.«

Pädagogik als wissenschaftliche Disziplin, genauer als historisch-wissenschaftliche Disziplin, hat hier die Aufgabe, »Prinzipien« oder »Normen« zur Regelung des Erziehungs-»Lebens« zu finden. »Prinzipien«, »Regeln« oder »Normen« verwendet Dilthey gleichbedeutend. In der Ethikvorlesung (GS X, 18ff.) bezeichnet er damit theoretische Versuche, dauerhafte und mit dem Anspruch auf Allgemeingültigkeit formulierte Werte der Lebensführung anzugeben, denen ihrerseits theologische oder philosophische Lehren in der Form ethischer Konzeptionen begründend zu Grunde liegen. Genau solche allgemeinen Grundsätze auszuarbeiten, die wiederum konkretere Aufforderungen zur Gestaltung des Gebietes von Erziehung und Bildung begründen, muss demgemäß das Anliegen pädagogisch-wissenschaftlicher Reflexionen sein. Diese Reflexionen teilen jedoch das Problem der Disziplinen Ethik und Ästhetik, insofern sie sich alle auf »Leben« richten und damit auf Vielfalt, Verschiedenheit, Heterogenität und Besonderheit. Dies erfährt der Blick des Historikers, wenn er unterschiedliche Zeiten und Kulturen betrachtet. Dies erfährt der Lebensphilosoph, wenn er die Fülle allein menschlicher Lebensformen und -weisen sieht. Deshalb dürfen Prinzipien und Regeln nicht einfach aus theologisch-philosophischen Systemen abgeleitet werden, weil sie die Pluralität der Lebensweisen verfehlen. Dies war für Dilthey der Fehler vorhergehender aufklärerischer und anderer Pädagogik, die aus theologischen oder philosophischen Überzeugungen Erziehungs- und Bildungsregeln ableiteten und noch ableiten. Der Vorlesungsteil »Grundlinien eines Systems der Pädagogik« (GS IX, 167) beginnt deshalb mit der Überschrift »Die Unhaltbarkeit der herrschenden Systeme der Pädagogik, welche die allgemeingültigen Prinzipien für die Erziehung aller Völker und Zeiten aufsuchen«. Die Verschiedenheit von Gesellschaften, Zeiten und Kulturen lässt die Anwendung so gewonnener Prinzipien nicht zu, weil sie »ein einförmiges Ideal ohne Rücksicht auf die Verschiedenheit der Nationen und das Bedürfnis der Staaten« (ebd.) zur Geltung bringt.

Dennoch darf die Mannigfaltigkeit von historisch-kulturell bestimmtem Leben nicht einfach nur deskriptiv in ihrer Verschiedenheit behandelt, dürfen nicht nur je individuelle wie soziale Motive und Zusammenhänge von Handlungen und Handlungsweisen beschrieben werden. Dies war nach Dilthey der Fehler der »historischen Schule«, wie es im Zitat heißt. Diese Art historischer Forschungen hält Dilthey für ungenügend, sieht sie »glücklicherweise«, wie er wertend sagt, dahingehend überwunden, dass das neue Ziel historischer Forschung sich auf die »Tiefe der menschlichen Natur selber und … (den) Zusammenhang des geschichtlichen Lebens« (ebd.) richtet, um dort Prinzipien und Normen zu finden. Die metaphorischen Bezeichnungen für den Gegenstand von wissenschaftlichen Untersuchungen, nämlich »Tiefe der menschlichen Natur« und »Zusammenhang des geschichtlichen Lebens«, aus denen Dilthey neu begründete Prinzipien, Normen und Regeln für (Erziehungs-)Leben eruieren will, machen deutlich, dass Diltheys Suche nach ethisch-normativen Prinzipien im Zusammenhang mit bestimmter, aber nicht jeder historischen Forschung äußerst anspruchsvoll ist. Die Hoffnung, die Dilthey mit dieser neuen historischen Forschung verbindet, ist in sich widerspruchsvoll. Er will allgemeine Prinzipien zur Begründung von konkreteren Handlungsaufforderungen am Individuellen, Besonderen und an historisch Mannigfaltigem finden.

Die Dilthey-Forschung benennt dieses Ziel, Anleitungen des Lebens durch Prinzipien, Normen auf der Grundlage historischer Forschung von menschlich-geschichtlichem Leben zu erkennen, je nach Bezügen auf Diltheys Werk unterschiedlich.

So heißt es, bezogen auf Diltheys Bemühungen um Pädagogik als Wissenschaft, Diltheys Anliegen sei es, für die genannte neue Forschung das Zugleich von »philosophisch-theoretische(r), historisch-vergleichende(r) und empirisch-experimentelle(r) Analyse« (Herrmann 1971, 217) zu betonen. Groothoff (1981, 77) spricht von »Fundamentalanthropologie« durch »historische bzw. historisch-systematische oder auch historisch-kritische Analysis«. In Dilthey-Interpretationen zu den Aufgaben von Geisteswissenschaften generell finden sich für das Anliegen Diltheys Rubrizierungen wie die, dass es sich hier um »Lebensphilosophie«, um »Verstehen als philosophisches Verfahren«, um »Historismus«, um Suche nach »formalanthropologischen Grundstrukturen«, um ein Verfahren »auf der Basis der Selbstreflexion der einzelwissenschaftlichen und philosophischen Forschung« (vgl. Rodi/Lessing 1984, 14ff.; 26, 29, 31) handelt.

Der diltheysche Ansatz wird auch in seiner Analogie zu funktions- und systemtheoretischen Erkenntnisweisen (Krausser 1961, 101ff.; Hahn 1999) gesehen bzw. als »eine Art Semiotik der ›geistigen Welt‹, der Systeme der Kultur« (ANZ 1982, 80) begriffen. Darüber hinaus sind auch Bezeichnungen wie »synergistisches Analyse«-Programm von Kultur (Rodi 1990, 25), »philosophische Anthropologie« (Hoffmann 1999) oder »Universalhistorie« (Thielen 1999, 194ff.) zu finden.

Wie auch immer die diltheysche Vision der Aufgabe von Geisteswissenschaften zu deuten ist, lässt sich zumindest sagen, dass Dilthey der Pädagogik als Reflexionsform die gleiche Aufgabe wie anderen Geisteswissenschaften zuspricht. Sie soll quasi wie die systematischen Wissenschaften Volkswirtschaft und Psychologie Gesetzmäßigkeiten finden, um daraus allgemeine Prinzipien für das Eingreifen in menschliche Welt zu finden. Sie soll dabei anthropologisch bzw. psychologisch und kulturgeschichtlich über den Menschen und seine Verflochtenheit mit Welt arbeiten, ohne in bloßer Deskription zu verbleiben. Sie darf aber andererseits auch nicht naturwissenschaftlich bestimmte psychologische und geschichtliche Gesetze unterstellen. Prinzipien und Normen müssen vielmehr aus dynamischen Wechselwirkungsbeziehungen zwischen dem Einzelnen und Um- sowie Mitwelt gefunden werden.

Wie Pädagogik diese Aufgabe lösen kann, ist die Frage, der sich Dilthey in den Vorlesungen über Pädagogik und in seiner bekannten Abhandlung »Über die Möglichkeit einer allgemein gültigen pädagogischen Wissenschaft« (GS VI, 56ff.) stellt. Die Beantwortung findet sich hier, aber auch in den Vorlesungsteilen, die er mit Überlegungen zu einem »System der Pädagogik« (GS IX, 167ff.) bzw. mit »Anwendungen der Psychologie auf Pädagogik« (GS XXI, 330ff.) umschreibt, als auch in den Teilen, die er als »Geschichte der Pädagogik« (GS IX, 13ff.) begreift.

Von dem hermeneutischen Vorverständnis ausgehend, dass es Diltheys Anliegen ist, Pädagogik als eine wissenschaftliche Disziplin zu verstehen, der in der Form von Systematik und bestimmter empirischer (historischer) Forschung die Begründung von pädagogischen Förderprogrammen obliegt, wird zunächst Diltheys Konzept eines solchen Systems bzw. einer solchen Systematischen Pädagogik vorgestellt und dann die Art und Weise, wie Geschichtsschreibung von Erziehung darauf bezogen ist.

Diltheys Verständnis Systematischer Pädagogik in seinen Vorlesungen zur Pädagogik

In Breslau und in Berlin hält Dilthey, wie oben genannt, Vorlesungen über Pädagogik, die in den Ankündigungen mit leichten Variationen vor allem drei Akzente enthalten: »Geschichte der Pädagogik« und »System der Pädagogik« oder »Anwendungen der Psychologie auf die Pädagogik«. Die Vorlesungen sind in zweifacher Weise zugänglich, als eigene Niederschriften Diltheys, die er vor allem für den Berliner Vorlesungszyklus entwarf, wobei die früheren Skripte für die Breslauer Vorlesung ergänzt wurden (vgl. GS IX, 3ff.), und als Mitschrift der Berliner Vorlesung von 1884 (Dilthey 1971, 111ff.) bzw. als Mitschrift der Vorlesung »über Anwendungen der Psychologie auf die Pädagogik« von 1893/94 (GS XXI, 329ff.).

Sowohl die Niederschrift des Vorlesungszyklus als auch die Mitschriften der Vorlesung von 1884 und 1893/94 haben gemeinsam,

- in Vorbemerkungen kurz die Bedeutung des Vorgetragenen für den Professionszweck des Erziehers bzw. Lehrers und für die politisch-administrative Regelung des deutschen Bildungssystems hervorzuheben,
- in Einleitungen allgemeine Bestimmungen über Abhängigkeiten des Erziehungsverständnisses von sozial-kulturellen Systemen wie Wissenschaft, aber auch Staat, Kirche, Recht, vor allem aber von Pädagogik als wissenschaftlicher Reflexionsform zu geben,
- mit Ausnahme der Vorlesung zu »Anwendungen der Psychologie auf die Pädagogik« zunächst mit der Geschichte der Pädagogik von der griechischen Antike bis ins 17./18. oder 19. Jahrhundert (Mitschrift) zu beginnen,

- um dann zur Frage der Aufgabe einer »Systematischen Pädagogik« oder – wie Dilthey auch sagt – zur Konzeption eines »Systems der Pädagogik« überzugehen.

Auf Grund der oben genannten Absicht, den Anleitungscharakter der diltheyschen Pädagogik-Überlegungen für die Gestaltung erzieherischer Verhältnisse hervorzuheben, beginne ich zunächst mit dem letzten Aspekt, der am stärksten die Vision Diltheys zum Ausdruck bringt, über die Bereitstellung von Prinzipien, Normen und Regeln professionell und politisch handelndes Eingreifen innerhalb des Erziehungssystems und in das Erziehungssystem zu legitimieren. Was versteht Dilthey unter einem »System der Pädagogik«? – ist die Frage, der ich mich im Durchgang durch Vorbemerkungen, Einleitungen und Konzeptualisierung einer systematischen Pädagogik zuwende. Dabei entsteht zunächst das Problem, was Dilthey unter »System« bzw. »Systematischer Pädagogik« versteht.

Diltheys Anliegen eines Konzeptes Systematischer Pädagogik

Wenn Dilthey von »System« spricht, dann geschieht dies in den Vorlesungen in verschiedenartigen Wortkombinationen: z.B. (1) »Erziehungssystem«, (2) »pädagogische Systeme«, (3) »natürliches System der Pädagogik«, (4) »Systeme der Pädagogik« und (5) »System der Pädagogik«.

Damit werden (1) Organisationsformen von Erziehung und Bildung umschrieben, die auch als Schul- oder Erziehungseinrichtungen bezeichnet werden können. Der Ausdruck System verweist aber (2) auch darauf, dass diese Einrichtungen von Gedanken und Überlegungen begleitet werden, die den Bedürfnissen einer jeweiligen Zeit und Kultur entnommen werden. »Pädagogische Systeme« sind also Einrichtungen mit reflexiven Bezügen. Sie werden nach Dilthey dann ein »natürliches System der Pädagogik« (3), wenn solche Organisationen seit dem 17. und 18. Jahrhundert von bestimmten Reflexionen, nämlich unter Bezug auf »Natur«-Theorien im weiteren Sinne, begleitet werden. Diese Jahrhunderte nämlich haben »Systeme der Pädagogik« (4), d.h. nicht locker verbundene, sondern systematisch explizite pädagogische Denkkonzepte auf der Grundlage wissenschaftlicher Überlegungen zur Natur des Kindes, zur »natürlichen Entwicklung« (GS IX, 170) hervorgebracht. Diese Konzepte »repräsentieren ... das erste Stadium der systematischen Pädagogik« – so Dilthey (ebd., 171) – oder haben Anfänge eines »Systems der Pädagogik« (5) hervorgebracht, insofern sie an einer wissenschaftlich stringenten Beweisführung für pädagogische Handlungsorientierungen gearbeitet haben. Sie sind aber nur Anfänge, können dem modernen Reflexionsanspruch der Zeit nach dem 18. Jahrhundert nicht standhalten, sind mithin ungenügend. Diltheys Anliegen ist es – wie oben gesagt – neue grundlagentheoretische Begründungen für pädagogische Überlegungen zu finden und d.h., ein »System der Pädagogik« oder eine »Systematische Pädagogik« neu zu konzipieren.

Diltheys Aufgabenbestimmung einer Systematischen Pädagogik

Seine Vorlesung über »Geschichte und System der Pädagogik« hat nach Dilthey gemäß eigener Niederschrift (vgl. GS IX, 7) den Sinn, für Berufserzieher diejenigen Wissensbestände zu vermitteln, die aus universitärer Sicht für pädagogische Berufe unverzichtbar sind. Da seine Klientel vor allem aus angehenden Gymnasiallehrern besteht, sieht er in der Fachausbildung und in der »Ausbildung der gesamten Person« das Erfordernis dieser Klientel. Letzteres ist für ihn die Aufgabe von Pädagogik als einer universitären Disziplin. Sie muss »pädagogische Bildung« vermitteln, und das heißt für ihn, in die Gebiete »Psychologie« und »Logik« einführen. Darüber hinaus gilt es, Kenntnisse – wie er sagt – der »Erfahrungen«, »welche im Verlauf der Unterrichtsgeschichte gewonnen worden sind« (ebd., 8) ebenso vorzustellen wie Kenntnisse von Theorien, die diese Erfahrungen zu ihrer Reflexionsgrundlage machen, und »Kenntnis der Hauptsätze der Pädagogik« (ebd.).

Von dem Erwerb der Kenntnisse unterscheidet er als spezielle Vorbereitungsarbeit auf den Lehrerberuf die »Aneignung der Geschichte von Unterrichtswesen und pädagogischer Theorie, besonders in der neueren Zeit, und Aneignung der zurzeit vorherrschenden systematischen Einsichten« (ebd.).

In der Nachschrift von 1884 (Dilthey 1971, 111) finden sich Begründungen für diese Forderungen an Lehrerbildung. Demgemäß ist Pädagogik für Dilthey zum einen ein bestimmtes Sprachspiel. Denn diese Disziplin arbeitet mit zwei Weisen des Umgangs mit Sätzen. Entweder leitet sie Sätze aus Allgemeinsätzen deduktiv ab und prüft die Wahrheit dieser abgeleiteten Sätze durch Erfahrung. Oder sie arbeitet mit besonderen Sätzen, die Erfahrungen beschreiben, und begründet sie auf induktivem Wege mit allgemeinen Sätzen, die Gesetze der Psychologie ausdrücken. In der Abhandlung findet sich dafür die Formulierung: Pädagogik »muss von der Ethik die Kenntnis ihres Zieles empfangen und von der Psychologie die Kenntnis der Einzelvorgänge und Maßregeln, in denen die Erziehung dies Ziel zu erreichen strebt« (GS VI, 57). So sind deshalb für Dilthey »die Psychologie, die Kenntnis der Kinderseele und die Kenntnis der Logik … notwendig zur pädagogischen Bildung« (ebd.). Zum anderen ist Pädagogik für Dilthey ein Studienobjekt, insofern sie sich auf die Unterrichtspraxis bezieht, in der die Bedeutung der allgemeinen Sätze für das praktische Handeln gesehen und geprüft werden kann. In den fragmentarischen Ergänzungen zu der Niederschrift heißt es kurz:

> *»Jede Wissenschaft oder Kunstlehre enthält ein System voneinander abhängiger Wahrheiten und induktive und deduktive Anordnung derselben.« – »Die Praktiker des Unterrichts sind auch in der Pädagogik meist Vertreter der Erfahrung, sie zeigen daher überall ein vorherrschendes Interesse für die Geschichte der Pädagogik als den Inbegriff älterer Erfahrungen, ähnlich wie praktische Politiker für politische Geschichte.«* (GS IX, 237)

Psychologie und Logik sind deshalb grundlegend für »pädagogische Bildung«, weil sie die Möglichkeit der Verknüpfung von Erfahrungen im Erziehungsfeld mit theoretischen Reflexionen über dieses Feld darstellen. Der Berufserzieher als Lehrer muss Logik beherrschen, um fremde und eigene Lehrerfahrungen deduktiv oder induktiv entweder mit ethisch-normativen Sätzen oder mit Gesetzes-Sätzen der Psychologie logisch verbinden zu können. Dies zu leisten ist Aufgabe der Erzieher. Dafür muss die Disziplin Pädagogik die oben genannten fremden (historischen) Erfahrungen und ihre theoretisch-reflexiven Bearbeitungen sowie psychologische »Hauptsätze« liefern, damit den Lehrern und Erziehern besonders – wie Dilthey (GS XXI, 329) an anderer Stelle sagt – »die Natur und das Seelenleben des Kindes (nicht, R.U.) fremd sind«, wenn professionell pädagogisch gearbeitet wird. Berufspädagogen müssen verstehen können, was in Kinderseelen vorgeht, wenn sie auf sie einwirken.

Die Aufgabe einer Systematischen Pädagogik besteht dabei in der Explikation solcher Sätze und systematischer Einsichten, die dem Fachanliegen von Psychologie entnommen werden und über reflexive Bearbeitung von pädagogischen Erfahrungen im Verlaufe der Geschichte zu Stande kommen können. Diese Systematische Pädagogik ist mithin ein Konzept für professionelle Erzieher, bei dem Dilthey unterstellt, dass es eine Pluralität von Erfahrungen gibt, die die in der Erziehung Tätigen machen und gemacht haben, und dass diese Erfahrungen zur Gründung von pluralen Alltags- und wissenschaftlichen Theorien führen und geführt haben. Diese müssen durch »Hauptsätze« bzw. generelle Einsichten in ihrer Wahrheit und Bedeutung unterschieden oder systematisch entwickelt bzw. in einem (Ordnungs-)System verarbeitet werden.

Insgesamt vermag die Arbeit an einem System der Pädagogik nach Dilthey auch dazu beizutragen, Schul- und Unterrichtsgesetze wissenschaftlich zu untermauern (GS IX, 19), z.B. die zu seiner Zeit politisch umstrittene Frage zu klären, in welcher Richtung das höhere preußische Unterrichtswesen weiterzuentwickeln ist. An dieser Frage ist vor allem sein Freund, der Graf York von Brandenburg, brennend interessiert, wie an Briefen zwischen den beiden über bildungspolitische Auseinandersetzungen ihrer Zeit erkennbar ist (vgl. Schulenburg 1923, 99ff., 110 f., 113, 114ff.). Die Vorlesungsnachschrift von 1884 (Dilthey 1971, 111) verweist auf den Hintergrund dieser Diskussion, dass es vor allem um »zwei mächtige Richtungen, (die, R.U.) einander gegenüber (stehen, R.U.), die der Gymnasien und der Realschulen« gehe. Es sei Aufgabe der Pädagogik – so Dilthey – in der Auseinandersetzung um eine Richtungsentscheidung für das eine oder andere mitzuwirken.

Ob Pädagogik allerdings professionelle und juristisch-administrative Hilfestellung auf wissenschaftlichem und nicht bloßem Meinungswege geben kann, ist für Dilthey eine Angelegenheit der wissenschaftlichen Ausgewiesenheit von Prinzipien und Regeln, die diese Disziplin zu geben hat. In der ihm vorliegenden Form sieht Dilthey dafür wenig Vielversprechendes. Sie verfügt zwar über Ansätze, ihr fehlt seiner Ansicht nach aber eine ausgewiesene Form, wie ihm sein Blick auf zeitgenössische Pädagogik zeigt.

Diltheys Ordnungssystem einer Systematischen Pädagogik

Zeitgenössische Pädagogik ist für Dilthey die Fortschreibung von Pädagogik-Konzepten der Vergangenheit. Demgemäß reflektierte Pädagogik nach Dilthey die praktischen Erfahrungen von im Erziehungsfeld Tätigen zunächst in unsystematischer und unzusammenhängender Form ohne grundlegende leitende Gesichtspunkte, d.h. unwissenschaftlich. Erst gegen Ende des 18. Jahrhunderts sieht er etwa durch Autoren wie Trapp, Niemeyer, Schwarz (vgl. GS IX, 171) den Versuch unternommen, »Erfahrungen unter dem die Zeit beherrschenden Gesichtspunkt der Vollkommenheit als des Ziels des Menschen« in der Form von pädagogischen »Kunstlehren« zu ordnen. Entscheidend ist für ihn, dass diese Autoren Erfahrungen und Experimente im Erziehungsfeld zur Grundlage ihrer Pädagogik-Konzepte machen, nicht aus einem übergeordneten Erziehungsziel Erziehungsmittel und -wege zur Erreichung dieses Ziels normativ ableiten. Vielmehr verwenden sie ein solches Ziel wie »Vollkommenheit ... des Menschen« nur als »Gesichtspunkt« zur Ordnung dieser Erfahrungen und Experimente. Gemeint ist damit, dass diese Autoren Erziehung als Förderung von allen Kräften, Anlagen und Möglichkeiten des Menschen verstehen und diese sinnlichen, affektiven, motorischen, kognitiven sowie ethischen Fähigkeiten nach Vollkommenheitsgraden wie etwa Schärfe des Sehens, Feinheit des Empfindens, Beherrschung der Bewegung, Selbstständigkeit des Urteilens und Höhe der Moralität des Handelns unterscheiden. Förderungswürdig werden damit alle die Momente von Einzelkräften, die gegenüber anderen Momenten vollkommener sind.

Dilthey schätzt an solchen frühen Versuchen einer Systematischen Pädagogik erstens, dass deren Verfasser die Kunst der Erziehung vom Konzept einer Förderung von Anlagen oder Kräften der Heranwachsenden denken, zweitens, dass diesem Konzept ein leitender Gesichtspunkt, hier: »höchstmögliche Förderung«, zu Grunde gelegt wird, und drittens, dass mit diesem Gesichtspunkt »gesammelte Erfahrungen« auch aus Erfahrungswissenschaften für pädagogische Zwecke geprüft werden können.

Kritisch vermerken muss er jedoch, dass der Hauptgegenstand einer solchen Prüfung, die Erfahrungen, welche die Psychologie als Erfahrungswissenschaft von menschlichen Kräften liefert, den Autoren nur in der Form von »Vermögenslehren« zur Verfügung stand. Diese wissenschaftliche Grundorientierung von Psychologie gilt ihm schlicht als »falsche Vermischung« von deskriptiven mit Erklärungsansätzen. Mit ihrer Hilfe konnten die genannten Autoren nur zu banalen Regeln für die Förderung von Kindern kommen wie: »entwickle diese Kräfte, aber nicht einseitig, gebrauche sie, doch missbrauche sie nicht« (ebd., 172). Der Bezug auf diese Psychologie menschlicher Kräfte und ihrer Entwicklungsmöglichkeiten führte für Dilthey bis zu seiner Gegenwart nur zu einer pädagogischen Reflexionsform von »edler Popularität«, nicht zu einer wissenschaftlichen.

Darüber hinaus kritisiert Dilthey die inhaltliche Bestimmung des Gesichtspunktes der genannten Autoren zur Ordnung pädagogischer Erfahrungen, nämlich »Vollkommenheit«. Sie ist ihm eine Kategorie, von der er in den Ethik-Vorlesungen (GS X, 110) sagt, dass durch sie bei ethischen Sollensbestimmungen ein Anspruch auf Allgemeingültigkeit des Sollens erhoben wird. Diejenigen Werte des Lebens gelten als gut begründet, die dem Geltungsanspruch der ›Vollkommenheit‹ standhalten oder – wie er sagt – eine Pluralität von Sollensforderungen in »schöpferischen Synthesen« zusammenbinden. Seine Formulierung dafür lautet: »Der Drang nach Vollkommenheit ist gleich dem Wohlwollen und der rechtlichen Treue in der Gegenseitigkeit eine schöpferische Synthese unserer moralischen Organisation« (ebd.). Weil Vollkommenheit neben Wohlwollen und Treue also durchaus einen allgemein gültigen ethischen Gesichtspunkt der Vereinheitlichung von pluralen Sollensforderungen abgibt, sieht Dilthey in den bisherigen Pädagogik-Konzepten schon den »Beginn« einer systematischen wissenschaftlichen Pädagogik. Denn Vollkommenheit ist nur ein Prüfungsmaßstab von Sollensforderungen, keine inhaltliche Festlegung von dem, was als gut und wertvoll anzustreben ist. Doch ist ihm dieser Gesichtspunkt zu formal, zu abstrakt. In der Ethik-Vorlesung heißt es nämlich weiter: »so viel Kulturstufen … es gibt, so viel verschiedene Weisen, die Natur (des Menschen, R.U.) und den Grund des Dranges nach Vollkommenheit zu verstehen« (ebd.). Das heißt, der die Allgemeingültigkeit von Sollensforderungen begründende ethische Gesichtspunkt der Vollkommenheit zeigt sich in pluralen inhaltlichen Bestimmungen dessen, was als vollkommen gelten soll, ja die Vorstellungen von Vollkommenheit etwa von Kräften des Menschen sind von einer jeweiligen historisch erreichten Kultur abhängig. Darum genügt dieser Gesichtspunkt nicht zur Begründung einer allgemein gültigen Pädagogik. In seinem Vorlesungskonzept (GS IX, 172f.) lobt und kritisiert er deshalb die bisherigen Versuche zur Begründung einer allgemein gültigen systematischen Pädagogik gleichzeitig, wenn er schreibt: Die genannten Autoren

> »*erkannten bereits, wie anders die Wissenschaft zu der Aufgabe stehe, das Ziel der Erziehung aus der Ethik abzuleiten. … Die Ethik gehört der Ordnung teleologischer Begriffe an. Diese sind auf dem Gebiet menschlicher Tätigkeit naturgewachsen, als der Ausdruck der hier stattfindenden Zwecktätigkeit. In allem Handeln, auch dem der Erziehung, realisieren wir Ziele, welche unserem Willen vorschweben. Auch können wir diese Ziele uns zum*

> *Bewusstsein bringen. Aber hier berührt die allgemein gültige Wissenschaft ihre Grenze. Wir sind nicht imstande, in allgemein gültigen Begriffen den Gehalt unseres tiefsten Zweckstrebens, der aus der Tiefe unseres ganzen Wesens entspringt, auszudrücken. Und dieser Gehalt ist eine geschichtliche Tatsache. ... Was der Mensch sei, erfährt er erst in der Entwicklung seines Wesens durch die Jahrtausende, nie bis zum letzten Worte, nie auch in allgemein gültigen Begriffen, immer nur im Erlebnis, das aus den Tiefen seines Wesens stammt. Daher ist ein letzter Zweck menschlichen Lebens eine transzendente Vorstellung, das Ziel des Menschenlebens kann nie in Begriffen, nie allgemein gültig ausgesprochen werden. Daher kann auch das Ziel der Erziehung in keine Formel gebracht werden.«*

Die bisherigen Versuche der Maßstabgewinnung von förderungswürdigen Entwicklungen über »Vollkommenheit« des Menschen sind für Dilthey zwar gut gemeint, aber letztlich gescheitert, insofern auch hier der Gesichtspunkt, was im Besonderen zu fördern ist, nur über »edle Popularität« oder über ethischen »Eklektizismus« bestimmt wird. Es klingt gut, wenn gesagt wird, dass alles das an Entwicklungen zu fördern ist, was den Menschen »vollkommener« oder – wie die genannten Autoren auch sagen – »glücklicher« macht. Aber die Akzente und Momente des Vollkommeneren an Kräften, die »Gehalte«, werden unzureichend, ja beliebig, eklektizistisch legitimiert. Geradezu polemisch setzt sich Dilthey damit auseinander, dass die zeitgenössischen Vertreter eines solchen Ansatzes dennoch den Anspruch erheben, praktische Handlungsanleitungen für Erzieher geben zu wollen und dabei gleichzeitig wissenschaftlich disziplinär zu sein. Er bezichtigt sie einer »edlen Popularität, welche die schönsten Blumen vom Felde des sittlichen Lebens, Glückseligkeit, Vollkommenheit, ethische Persönlichkeit, Ebenbildlichkeit in anmutiger Verknüpfung zu einem freundlichen Kranze flicht«, und den Widerspruch zu repräsentieren, »ein Verzicht auf die Wissenschaft zu sein und doch andererseits für das aufgestellte Ziel Gültigkeit zu beanspruchen« (ebd., 175).

Für Dilthey steht jedoch fest, dass dieser Tod von wissenschaftlicher systematischer Pädagogik überwunden werden kann, wenn eine neue Pädagogik sich auf des Menschen »Tiefe seines Wesens durch die Jahrtausende« bezieht, wie es im Zitat heißt. Dazu liefern die kritisierten Ansätze durchaus Hilfestellung, sofern deren psychologische Grundannahmen ›einleuchtender‹ entwickelt und deren Ethik-Anleihen als »Teil der Wahrheit« aufgegriffen werden. Genau dies sieht Dilthey als seine Aufgabe an, die Disziplin Pädagogik aus dem Status einer »Aschenbrödel« (ebd., 178) im Geflecht der Wissenschaften bezogen auf menschlich-geschichtlich-soziale Wirklichkeit zu befreien und grundlagentheoretisch zu fundieren, sie »von einer festen wissenschaftlichen Grundlage aus zu einer festen Konstruktion« (ebd.) zusammenzufügen.

Für diese Konstruktion oder dieses Ordnungssystem kann er – wie oben gesagt – auf die, wenn auch unzureichenden Vorarbeiten zurückgreifen. Einleuchtend ist ihm ja deren Ausgang, Pädagogik als Förderung von menschlichen Kräften zu verstehen und sich der Erfahrung über die Gestalt dieser Kräfte zu bedienen, wie sie die Erfahrungswissenschaft »Psychologie« über Kräfte und Entwicklungstendenzen des Menschen liefert. Dieser Ausgang der kritisierten populären Pädagogik wird von Dilthey in dreifacher Hinsicht aufgenommen und neu geordnet.

Erstens gilt es, diesen Ansatz zu erweitern und zu verbessern. Zu erweitern sind pädagogische Reflexionen um weitere Erziehungserfahrungen, wie sie von mit Statistiken arbeitenden und historisch forschenden Disziplinen gewonnen werden können, aber von den bisherigen Vertretern einer Systematischen Pädagogik nicht aufgegriffen wurden. Zu verbessern ist die Hauptbezugsdisziplin dieser Autoren, nämlich Psychologie, hin zu einem »erweiterten Begriff Anthropologie« (ebd., 179). Solche Verbesserung muss den Nachweis bringen, ob und inwiefern Pädagogik als ein Förderungsprogramm überhaupt möglich ist. Die Frage ist nämlich, ob Kräften überhaupt ein erkennbarer Richtungssinn zugesprochen zu werden vermag, der dann gefördert werden kann.

Zweitens ist der Eklektizismus von Gesichtspunkten zu überwinden, mit denen ein solcher Richtungssinn hergestellt wird, indem bestimmte Aspekte von menschlichen Kräften als näher an menschlicher Vollkommenheit angesiedelt oder eher dem Glück des Menschen dienend wahrgenommen werden. Richtig ist für Dilthey dabei der Grundgedanke, dass erst aus solchen Überlegungen zu Steigerungswürdigem an Kräften Prinzipien und Normen abgeleitet werden können, um konkretere Regeln für Erzieherverhaltensweisen zu erhalten. Nur die bisherige Suche nach solchen Gesichtspunkten ist für ihn nicht Erfolg versprechend gewesen.

Drittens sind Hinweise zu geben, wie die pluralen pädagogischen Erfahrungen und deren Erfahrungsverarbeitung in der Form pädagogischer Reflexionen von der Disziplin »Pädagogik« in einen systematischen Zusammenhang gebracht werden können. Die Disziplin muss sich ja anderer (alter und neuer) Hauptbezugsdisziplinen bedienen, um Prinzipien und Normen zur Förderung von menschlichen Kräften zu gewinnen. Dafür braucht sie eine Form bzw. die Angabe von Operationen, durch die sie diese Form gewinnt. Das »Ziel dieses Verfahrens« – sagt Dilthey selbst – »ist die Gewinnung von festen Richtpunkten für die praktische Behandlung der vorliegenden Gestalt des Systems« (ebd.). Systematische Pädagogik muss selbst die Punkte angeben, an denen sie sich als Disziplin ausrichtet, muss ihr Forschungsdesign artikulieren.

Mithin besteht die Aufgabe einer Systematischen Pädagogik darin, für diese zwei Problemstellungen Antworten zu finden, nämlich:

- Ist Pädagogik als Reflexion zur Hilfe bzw. Förderung der Steigerung von Kräften möglich?
- Welche Gesichtspunkte sind begründbar, um Aspekte von Kräften zu steigern?

Erst dann stellt das Reflexionssystem »Pädagogik« für Dilthey eine »feste Konstruktion« dar.

Grundannahmen des Konzeptes einer Systematischen Pädagogik

Die oben genannten zwei Problemstellungen thematisiert Dilthey in seinen Ausführungen zu einer Systematischen Pädagogik (GS IX, 179ff.). Er überschreibt die Antworten auf die beiden Fragen mit dem Titel »Die Eigenschaften im Zusammenhang des Seelenlebens, durch welche Regeln, Normen, Entwicklung und deren Darstellung in Wissenschaften des Geistes möglich werden. Positive Psychologische Grundlegung« (ebd., 181). Deutlich wird damit, dass er sich von Überlegungen zum »Seelenleben« des Menschen, also von Reflexionen über menschliche psychisch-geistige Kräfte und Anlagen erstens die Möglichkeit erhofft, das Angelegtsein dieser Kräfte auf Steigerung oder Höherentwicklung nachzuweisen, und zweitens aus diesem Nachweis allgemeine Regeln zur Förderung dieser Höherentwicklung zu extrapolieren.

Grundlegend aber ist für Dilthey zunächst die erste Frage, ob Pädagogik als eine Reflexionsform, die der Förderung von Steigerung oder Höherentwicklung des Menschen dienen soll, überhaupt möglich ist. Dazu ist es erforderlich, eine »positive psychologische Grundlegung« zu geben oder eine Theorie der »Bildsamkeit« zu entwickeln, d.h., das Angelegtsein menschlicher Kräfte auf Vervollkommnung, Steigerung nachzuweisen.

Zur »Teleologie des Seelenlebens« als Grundlage von Pädagogik

Ein pädagogisches Förderungsprogramm ist, wie bereits gesagt, grundlegend von der Möglichkeit abhängig, Förderungswürdiges an Kräften oder Anlagen des Menschen von nicht oder weniger zu

Förderndem zu unterscheiden. Die bisherige bzw. zeitgenössische Systematische Pädagogik Diltheys trifft diese Differenz für Erkenntnis-, Gefühls- und Willenskräfte, z.B. bezogen auf die Gefühlskraft der »Güte«, des »Mitleidens« oder der »Sympathie« gegenüber Menschen und Tieren dahingehend, dass sie eine solche Gefühlsempfindung grundsätzlich für förderungswert erachtet, aber nicht in der Form »weicher Rührung«, »Rührseligkeit«, »Weichherzigkeit« oder »Empfindelei«. Fremdes Leid wahrzunehmen und helfen zu wollen, dazu sind die sympathetischen Gefühle grundsätzlich ethisch wichtig und notwendig. Sie führen aber zu bloßer Empfindlichkeit und Empfindsamkeit, wenn sie zu stark ausgeprägt sind, sodass Menschen schon bei geringsten Leidwahrnehmungen in Tränen und Mitleid ausbrechen, ohne richtigen Schmerz, richtiges Leid wahrnehmen und tatsächliche Hilfe leisten zu können. Mit solchen Differenzen innerhalb sympathetischer Gefühle sucht z.B. Niemeyer (1882, 121f.) förderungswürdige Güte von nichtförderungswürdiger Empfindelei zu trennen. Die Grundlage einer solchen Unterscheidung bildet einerseits eine Vorstellung von richtigem ethischem Leben: Menschen sollen empathisch sein und anderen helfen, andererseits eine Vorstellung von Gefühlen: Gefühle können zu stark oder zu schwach sein. Inwieweit Hilfswille und sympathetisches Gefühl zusammenhängen, bleibt ebenso unklar wie der Zusammenhang zwischen ethischen als Willens- und psychologischen als Gefühlsvorstellungen.

Dilthey geht davon aus, dass es eine »Struktur des Seelenlebens« gibt, in der Erkenntnisse, Gefühle und Wollensabsichten zusammenspielen, sodass die Trennung z.B. der Gefühlskraft »Sympathie« in zu starke oder zu schwache über den ethischen Gesichtspunkt der Hilfe für andere Menschen (Solidarität) falsch ist. Die Struktur des Seelenlebens besteht für ihn darin, dass durch Reize zu Stande gekommene Vorstellungen »Regungen, Gefühle, Triebe ins Spiel setzen, die mit ihnen (den Vorstellungen, R.U.) in gesetzmäßigem Verhältnis stehen, diese bewirken dann Handlungen« (GS IX, 182). Wahrnehmungen, Empfindungen, Absichten und Handlungsrealisierungen stehen für Dilthey in einem nichtzufälligen, sondern strukturierten Zusammenhang. Im Gegensatz zu einer mechanischen Vorstellung von Reizen und darauf folgenden Reaktionen betont der Gedanke der Struktur des Seelenlebens die Lebendigkeit und Einheitlichkeit von menschlichen Anlagen und Kräften in ihren je individuellen Besonderheiten, aber auch in den allen Menschen und ihrer Kultur gemeinsamen Aspekten. Eine zentrale und allgemeine Bedingung dieser Struktur ist für Dilthey das, was er »Teleologie« nennt. Teleologie umfasst »Zweckmäßigkeit« als Passung des Zusammenspiels der Kräfte für einen Zweck und »Entwicklung« (Evolution) als ein »Vorwärtsrücken« durch das freie Zusammenspiel der Kräfte. Wenn ein solcher Zusammenhang des Seelenlebens und – wie noch zu erläutern ist – auch der menschlichen Kultur gegeben ist, dann braucht Pädagogik für ihr Förderprogramm keine Gesichtspunkte wie Schwäche oder Stärke eines Gefühls, sondern kann ihre Tätigkeit darauf beschränken, dieser teleologischen Struktur des Seelenlebens Hilfen anzubieten.

Damit wird die hier kurz skizzierte teleologische Struktur des Seelenlebens zur Bedingung der Möglichkeit einer Pädagogik als Wissenschaft, die nicht nur »edler Popularität« verpflichtet ist. Edel ist die Popularität dieser Pädagogik deshalb, weil z.B. kaum jemand etwas dagegen haben kann, dass man Menschen dazu bringen soll, anderen zu helfen. Populär, aber nicht wissenschaftlich fundiert ist ein solches pädagogisches Denken, weil die Förderung der Bereitschaft zu Solidarität von einem Einwirken auf die Gefühlskraft des Mitleids abhängig gemacht wird, bei dem der Zusammenhang mit den anderen Kräften nicht gesehen und deren interne Differenz (stark, zu stark, schwach, zu schwach) nur durch kasuistischen common sense begründet wird. Reflexiv legitimierte Kriterien für zu fördernde Kräfte des Menschen aber bietet die Struktur des Seelenlebens mit ihrem Teleologiecharakter nach Dilthey, weil sie universal angelegt ist. Sie beschreibt nämlich ein universales, den Menschen mit umfassendes Grundprinzip des Lebens oder des Lebendigen. In seiner Ethikvorlesung (GS X, 49ff.) erläutert Dilthey dies (evolutions)biologisch und anthropologisch, wenn er hervorhebt, dass alle Lebensorganismen dem Grundprinzip von »Zweckmäßigkeit« als einer Form von »Teleologie« unterliegen. Diese zeigt sich zunächst in einem ausgebildeten Reflexsystem von Nahrungs-, Bewegungs-, Fortpflanzungs- und Schutztrieb aller Lebewesen, um »Erhaltung, Fortpflanzung und Steigerung innerhalb der lebendigen Wesen« (ebd.) zu ermöglichen. Das heißt, die Anpassung von lebendigen Organismen an Umwelt erfolgt nach Dilthey durch gegebene Triebe, die von außen angeregt und wirksam werden. Dabei differenzieren sich die eben genannten besonderen Triebe aus, werden Gefühlszustände evoziert und aufgrund von Rückwirkungen der Wirksamkeit dieser Triebe und Gefühle bezogen auf Welt zu einem »Reflexsystem« vereinheitlicht. Lebewesen bilden so über Anpassungskontakte mit Umwelt eine zweckmäßige Organisation ihres »Seelenlebens« aus. Dilthey erläutert diese Lebewesen-Umwelt-Konstellation mit einem Gegenbild: Man möge sich vorstellen, dass eine solche Konstellation kognitiv dominiert sei und nicht durch ein Zusammenspiel von Wahrnehmungen, Trieben, Gefühlen und Handlungszwecken bestimmt. So heißt es bei ihm (ebd.):

> »*Man könnte sich Organismen denken, in welchen eine Anpassung mit Außenwelt beständig durch intellektuelle Prozesse unterhalten wird. Solche Organismen müssten vermittels von intellektuellen Vorgängen schädliche und nützliche Nahrung, gute und schlechte Luft voneinander unterscheiden. Es ist der Kunstgriff des psychischen Geschöpfes, dass der Trieb und das mit ihm verbundene Gefühl das in zwar gekürztem und unverbundenem, aber doch in reichem Maße löst. Es bedarf nicht der kleinen Allwissenheit, welche die Angelegenheiten des animalischen Wesens durch den Intellekt besorgen würde. Trieb und Gefühl lehren Nahrung zu suchen, nützliche von der schädlichen Nahrung zu unterscheiden, treiben zur Fortpflanzung an, unterstützen die Zuchtwahl, lehren das tierische Geschöpf sich zu schützen, zu verstecken.*
> *Dies geschieht vermittels einer regelmäßigen Verbindung eines Verhältnisses der Nützlichkeit zwischen Lebewesen und Milieu mit einem Lustgefühl, des Lustgefühls mit einer Triebregung. Bestände umgekehrt zwischen einem solchen Verhältnis und einem Unlustgefühl eine regelmäßige Verbindung, so könnten wir keinen Tag leben.*

Dieser einfache Kniff der Natur ermöglicht Erhaltung, Fortpflanzung und Steigerung innerhalb der lebendigen Wesen.
Indem nun aber durch die Beziehungen der Empfindungen in Wahrnehmung und Denken die Erfassung der Außenwelt gründlicher, durch die Beziehungen der Gefühle und Triebe die Wertschätzung ebenfalls über das Momentane und Partikulare sich erhebt, wird die Anpassung zwischen dem Individuum und seinem Milieu in dem Zusammenhang der Lebewesen immer vollkommener und damit steigert sich die psychische Zweckmäßigkeit in demselben. Diese ist auch in den höchsten Gebilden des geschichtlichen Lebens immer die Grundstruktur aller Lebendigkeit. Jedes Rätsel geschichtlicher Leistung und Existenz kann immer nur auf der Grundlage dieses biologischen Grundplans von psychischem Dasein aufgelöst werden.«

Den grundsätzlichen Zusammenhang von Leben und Welt, den einfachen »Kniff der Natur«, sieht Dilthey erstens als ein Wirkungsverhältnis zwischen den Kräften von Lebewesen (zwischen Trieben, Affekten, Empfindungen, Wahrnehmungen etc.) und Milieuumgebung. Dabei wird das Wirkungsverhältnis dadurch ausgelöst, dass aus der Umgebung von Lebewesen Reize an diese herangetragen werden, die deren psychische Kräfte in Bewegung setzen. Zweitens nimmt er dieses Verhältnis als dem Grundzweck des Lebens, nämlich dem der Anpassung an Umgebung, angemessen, zweckmäßig wahr. Das heißt, die Bewegung der psychischen Kräfte kommt für Dilthey vor allem durch die Wahrnehmung von Reizen als für die Selbsterhaltung und Selbststeigerung der Lebewesen bedeutsam zustande. Drittens begreift er diese zweckmäßige Anpassungsleistung der psychischen Organisation von Lebewesen an Umgebung vor allem als »regelmäßige« Verbindung von psychischen Kräften, d.h. als eine auf Dauer gestellte Verbindung psychischer Vorgänge. Viertens fasst er das Verhältnis mit seinem immanenten Zweck insgesamt als auf Entwicklung und Steigerung hin angelegt, als immer »vollkommener« werdend.

Dieser »biologische Grundplan« allen Lebens ist für Dilthey auch in menschlichem Leben wirksam. In der pädagogischen Vorlesung (GS IX, 185) formuliert er dies mit den Worten:

> *»Das Seelenleben zeigt von den niedersten Stufen tierischen Daseins aufwärts dieselbe Struktur, welche teleologisch und die Entwicklung steigernd wirkt. Sie enthält die Wurzel aller zweckmäßigen Effekte in Menschenleben, Gesellschaft und Geschichte. Der mit Empfindung und willkürlicher Bewegung ausgestattete Organismus ist in seiner Erhaltung und Vervollkommnung bedingt von seinen Beziehungen zu dem Milieu, in welchem er lebt.«*

Damit unterstellt Dilthey die grundsätzliche Möglichkeit von Höherentwicklung auch der Gattung Mensch, allerdings nur als »Wurzel« oder Keim. Denn tierische Entwicklung passt sich vor allem der Umgebung, dem Milieu an. Menschliche Entwicklung enthält gegenüber diesem Grundplan von Leben jedoch noch zwei besondere Momente, die Dilthey im Zusammenhang mit dem Zitat hervorhebt. Menschen passen einerseits ihr »Eigenleben (nicht nur, R.U.) den Lebensbedingungen« an, sondern auch »die Lebensbedingungen dem Eigenleben«. Andererseits verfügen sie über »Intellekt« als »Licht auf dem dunklen Wege beständiger Anpassung von Dingen und Eigenleben« (ebd.). Menschliches Leben hat somit gegenüber Leben generell die Besonderheit, seine psychische Struktur nicht nur dem Milieu, sondern auch vor allem über Denk- und Willensakte das Milieu seinem psychischen Organismus anzupassen. Menschliche Entwicklung vollzieht sich daher in einem gegenseitigen Beeinflussungsprozess von Mensch und Umwelt, realisiert dabei aber ebenso wie Umwelt die Grundstruktur von Leben, nämlich Ausdifferenzierung, Vereinheitlichung des Ausdifferenzierten zu einem Zweckzusammenhang, Entwicklung bzw. Teleologie, wobei vor allem Letzteres bei menschlichem Leben und seiner Kultur einen besonderen Akzent erhält. Menschliche Entwicklung – so heißt es in Diltheys »Ideen über eine beschreibende und zergliedernde Psychologie« (GS V, 220) – ist gekennzeichnet durch

> »*die Herrschaft eines erworbenen seelischen Zusammenhangs, welcher alle Handlungen und Gedanken bestimmt. Alle menschliche Entwicklung kann nicht mehr leisten, als einen solchen Zusammenhang zu bilden, welcher souverän, den Bedingungen des Daseins angepasst, in sich bedeutsam und geschlossen sei*«.

Menschliche Entwicklung wird hier zum einen als »erworben«, d.h. als erlernte Entwicklung, und zum andern als auf »Souveränität« angelegt beschrieben, d.h. darauf, dass jedes Individuum auf Beherrschung seiner selbst und seiner Umwelt hin angelegt ist. Für individuelle Lebensverläufe bedeutet dies nach Dilthey, über Erfahrungen und Konflikte mit sich, anderen und Milieuumwelt ein »Lebensideal« zu finden, das dem jeweiligen Ich entspricht.

> »*In einem harten Kampf*« – so schreibt er – »*werden Lebensideal und Zukunftstraum des Jünglings der Macht der Sachen angepasst. Die Herrschaft des Mannes in seiner Lebenssphäre entsteht. In sich fertig und bewusst, erhebt er sich über die einseitige Subjektivität des Jünglings in der Anerkennung des Wertzusammenhangs der Wirklichkeit, den er nicht mehr hervorbringen, sondern nur noch an seinem Teile fördern will.*« (Ebd., 217)

Souveränität individueller Entwicklung im Lebenslauf zu finden heißt hier für jedes Ich, die Begrenztheit der Möglichkeiten wahrzunehmen, das eigene Leben und Welt beeinflussen zu können, und dennoch nicht ein Spielball eigener Impulse sowie fremder Einflüsse zu sein, sondern aktiv seinen Teil dazu beizutragen, dass wertvolle Komponenten menschlich-sozialen Lebens gefördert werden. Dieses Entwicklungsziel individuellen menschlichen Lebens entspricht bei Dilthey einer kulturellen Teleologie. Auch Kultur unterliegt dem Grundprinzip eines erworbenen Lebenszusammenhangs und erfährt über Ausdifferenzierungs- sowie Integrationsprozesse im Zusammenspiel mit menschlich-individuellem Leben eine Entwicklung mit Richtungssinn, bei der Individuen und Kultur sich in der Gemeinsamkeit von Lebensaufgaben und damit von Erziehungsforderungen finden. So heißt es im Vorlesungskonzept über Pädagogik (GS IX, 14), dass die Kultur von Gesellschaften im Rahmen ihrer Lebensumstände

> *»in großen Lebensidealen ein aufsteigendes Dasein führt, (die sich, R.U.) in der gereiften Sprache, welche ein fein entwickeltes System von Vorstellungen in sich fasst, in Gruppen wissenschaftlicher Begriffe, in Sitte und Verfassung, in den praktischen Zielen und Lebensidealen, welche hierdurch bedingt sind, schließlich in einer Ideenwelt (finden, R.U.), in welcher alle diese Elemente verarbeitet sind und die sich in Religion, Kunst und Philosophie darstellt. Der volle Eintritt des Individuums mit all seinen Gemütskräften in diese Welt, sodass es nach dem Maß seiner Kraft an der richtigen Stelle zu seiner Befriedigung und zum Nutzen des Ganzen in diese Kultur und ihre Aufgabe eingreift: dies ist die höchste Aufgabe der Erziehung.«*

Die bisher skizzierte Teleologie des Seelenlebens bietet mithin die Bedingung der Möglichkeit, die schleiermachersche Zentralfrage von Pädagogik zu beantworten: »Was will denn eigentlich die ältere Generation mit der jüngeren?« (Schleiermacher 1966, 9) Dilthey beantwortet sie in ähnlicher Richtung, wie dies Schleiermacher tut, dessen Lebenswerk ihn zeitlebens beschäftigte: »Die Erziehung soll so eingerichtet werden, dass beides in möglichster Zusammenstimmung sei, dass die Jugend tüchtig werde einzutreten in das, was sie vorfindet, aber auch tüchtig in die sich darbietenden Verbesserungen mit Kraft einzugehen.« (Ebd., 31) Im Unterschied zu Schleiermachers dialektisch-dialogischer Bestimmung dieser pädagogischen Aufgabe sieht Dilthey die Notwendigkeit, eine solche Antwort über wissenschaftlich-disziplinäre Forschung zu suchen. Dabei gilt es, erfahrungswissenschaftlich die Entwicklung der Zentralkräfte menschlich-individuellen Lebens und kultureller Evolution herauszuarbeiten und so miteinander zu verbinden, dass der gegenseitige Anpassungsprozess von individuellem und kulturellem Leben als einander steigernd begriffen wird. Koinzidenzpunkt der Gegenseitigkeit sind die Lebensideale einmal des Individuums mit seinem Lebensverlauf und zum andern der Kultur in ihrer evolutiven Bewegung. Sie zeigen sich im Studium der Entwicklung des individuellen erworbenen Zusammenhangs des Seelenlebens einerseits und für Kultur andererseits, wie im Zitat gesagt, in »Religion, Kunst, Philosophie« als den zentralen Artikulationsformen von Lebensidealen. Das Ineinandergreifen individueller wie kultureller Lebensideale zu ermöglichen, ohne Vielfalt zu vernachlässigen, das ist dann das Förderprogramm von Pädagogik. Optimale Förderung als Erziehung ist dabei gegeben, wenn die menschlichen Kräfte in ihrer »inneren Zweckmäßigkeit« so gefördert werden, dass dem Lebenslauf des Individuums ein Höchstmaß an Lebensbefriedigung geboten wird und er dabei in die höchsten (»gereiften«) Formen von Sprache, Wissenschaft, Lebensordnung, Rechtsordnung sowie sonstiger Praxen des Lebens eintritt und sie weiterentwickelt. Daher kommt Dilthey zu dem »Fundamentalsatz« seiner systematischen Pädagogik (GS IX, 185):

> *»Der Fundamentalsatz einer Pädagogik besteht also in einer Behauptung: das Seelenleben hat eine innere Zweckmäßigkeit, sonach eine ihm eigene Vollkommenheit. Folgerecht können Normen dieser Vollkommenheit gegeben, Regeln, wie sie durch die Erziehung herzustellen sei, entworfen werden.«*

Optimale Förderung als Aufgabe von Pädagogik besteht mithin nach Dilthey darin, Regelgebungen für pädagogisches Handeln aufgrund von Vollkommenheitsvorstellungen des Zusammenspiels von Ich-Welt-Konstellationen vorzunehmen. Zentral ist dabei der Gedanke der Ausdifferenzierung von Vielheit und deren Ineinandergreifen oder die Integration von Verschiedenem und Mannigfaltigem zu einer teleologischen Struktur, zu »Zweckmäßigkeit«. Optimale Förderung muss deshalb diese Gleichzeitigkeit von Ausdifferenzierung und Ineinandergreifen unterstützen, weil sie damit der Steigerung von Individuen und Kulturen entgegenkommt, insofern durch das Zusammenwirken der gegenläufigen Momente von Ausdifferenzierungs- und Integrationsprozessen gleichzeitig Höherentwicklungsprozesse angeregt werden. Eine solche Anregung hat sich auf das psychische Entwicklungsgefüge des Menschen, auf die Evolution von Kultur und auf das Ineinandergreifen von Seelenstruktur mit umgebender Kultur zu beziehen.

Zu Entwicklungsmöglichkeiten von »Seelenleben«

Das Angelegtsein des Lebens und damit auch des psychischen Lebens auf zunehmende Komplexheit durch Ausdifferenzierungsprozesse beinhaltet – wie gesehen – gleichzeitig zunehmende Integration. Pädagogische Förderprogramme haben deshalb nach Dilthey sowohl die wachsende Komplexität als auch das Ineinandergreifen, das Zusammenwirken des Mannigfaltigen in seiner teleologischen Tendenz zu unterstützen. In der Mitschrift der »Vorlesung über Anwendungen der Psychologie auf die Pädagogik« (GS XXI, 349f.) heißt es:

> *»Alle Erziehung ist nicht ein Import von Eindrücken in die Seele, sondern eine Entfaltung von innen heraus. Erziehen heißt, das Kräftesystem der Person entfalten. Mache eine Person zum Mittelpunkt von Kraft, und diese Person wird sich stets mit Leichtigkeit Kenntnisse jeder Art erwerben.«*

Ein optimales pädagogisches Förderprogramm ist demgemäß nach Dilthey darauf angelegt, das »Kräftesystem« von Menschen entfalten zu helfen, wobei das, was oft als besonders wichtig für Erziehungsprogramme wahrgenommen wird, der Erwerb von Kenntnissen und Wissen, für Dilthey in den Hintergrund tritt. Kenntnisse und Wissen immer neu anzueignen ergibt sich quasi von selbst, wenn die menschlichen seelischen Kräfte in der richtigen Weise gefördert werden. Wichtig ist für Dilthey daher vor allem die Ausbildung des Zusammenspiels von psychischem Leben zu einem System. Dies setzt voraus, dass die Pluralität der unterschiedlichen Kräfte des Seelenlebens ebenso bekannt ist wie deren Ineinandergreifen. Auf dem Hintergrund anthropologisch-psychologischer Theorien besonders von Descartes, Hobbes, Spinoza und Leibniz (vgl. etwa GS II, 452ff.) und in Auseinandersetzung mit zeitgenössischen Erkenntnis-, Wissenschafts- und psychologischen Lehren (vgl. etwa GS V, 74ff.; GS VII, 3ff.; GS XIX, 9ff.) weiß Dilthey, dass schon einfache Zusammenfassungen von Phänomenen des Seelenlebens in solche des Denkens, Fühlens und Wollens mannigfaltige Einzelakte umfassen. In der Mitschrift der Vorlesung zu Psychologie und Pädagogik (GS XXI, 351ff.) verweist er z.B. für kognitive Akte auf deren Voraussetzungen wie Interesse, Aufmerksamkeit, Anschauung sowie auf deren Tätigkeitsformen wie Assoziieren, Unterscheiden, Vergleichen, Verallgemeinern, Behalten, Schlussfolgern und Übertragen. Das Affektleben ist ihm – wie er besonders in der Ethikvorlesung (GS X, 50ff.) hervorhebt – ein Ensemble von Trieben, Reizempfindungen, Leidenschaften und Begierden mit internen Differenzen wie Nahrungs-, Geschlechts-, Bewegungs-, Schutz- und Abwehrtrieben, mit Empfindungen wie Schmerz, Ärger, Schrecken, Spannung usw. sowie mit Leidenschaften wie Hass, Liebe und anderes. Ebenso gelten ihm Akte des Willens als durch viele ethische Motive differenzierbar wie etwa Freude, Mut, Mitleid, Wohlwollen, Ehre, Pflichten etc.

Wichtig ist für Dilthey nun, dass alle diese und weitere seelische Einzelakte beim Menschen nicht getrennt auftreten, sondern ineinander verwoben sind. Er erläutert selbst dies Ineinander von Einzelakten innerhalb von Denken, Fühlen und Wollen sowie das generelle Zusammenspiel dieser drei Seelenklassen an einem einfachen Beispiel. Wenn jemand auf der Straße einen Stoß erhält, dann entstehen bei ihm Vorstellungen, Bilder und kognitive Verknüpfungen dieser Vorstellungen über den Anlass und die Tat. Es entstehen gleichzeitig Affekte wie Schmerz, Ärger bis hin zu Absichten, auszuweichen oder zu schimpfen. Deshalb beschreibt Dilthey das Seelenleben gerne als eine Zusammensetzung aus »Kreisen«, weil nicht der eine Aspekt des psychischen Aktes auf einen anderen zurückgeführt werden kann, sondern sich diese Aspekte insgesamt als ein Ineinanderübergehen zeigen. Mit diesem Gedanken kritisiert er in den Vorlesungen über Pädagogik bisherige Psychologie als eine bloße Lehre »von den Formen des psychischen Geschehens, … (die, R.U.) nur einen Teil dessen, was wir am Seelenleben gewahren« (GS IX, 183) umfasst. Bisherige Psychologie vernachlässigte seiner Ansicht nach das Zusammenwirken der psychischen Aktivitäten. Menschliche Regungen, menschliches Streben und Handeln enthält die Gleichzeitigkeit von Trieb-, Gefühls- und Wollensartikulationen. Und diese Gleichzeitigkeit zeigt dann eine besondere Qualität, wenn es zu einem »richtigen Ineinandergreifen« kommt, wie dies beim »Typus des vollkommenen Menschen« (ebd., 186) gegeben ist. Dieser zeigt »Charakter«, verfügt über ein entwickeltes Seelenleben mit weitgehender Differenzierung aller psychischen Kräfte, die von einem »Zentrum« ins Spiel gebracht werden, was Dilthey in seinen »Ideen über eine beschreibende und zergliedernde Psychologie« (GS V, 220f.) so umschreibt:

> *»Der Charakter bildet nur eine, doch die wichtigste Seite … (von, R.U.) Vollendung. In aller Wirklichkeit auf der Erde tritt solche Gestalt einer Seele als das Höchste hervor. Und in diesem Sinne bezeichnet Goethe die Persönlichkeit als höchstes Glück der Erdenkinder. Für diese innere Form der Persönlichkeit suchte die Transzendentalphilosophie die Bedingungen. Zunächst ist eine Bedingung dieses synthetischen Vermögens in uns in der Formel von der Einheit des Bewusstseins enthalten. Aber die Transzendentalphilosophie gräbt tiefer. Und schließlich beruht die außerordentliche Macht derselben im europäischen Denken darauf, dass ihre Formeln in abstracto das Synthetische, spontan Gestaltende, die transzendentale Synthesis der Apperzeption dem empiristischen Seelenaggregat gegenübergestellt haben, das den Charakter, das Genie und den Helden zu Unfassbarkeiten macht. Ihr Mangel war nur, dass sie das Fortschreitende, Schöpferische zunächst abstrakt in intellektuellen Vorgängen aufsuchte und dann … die anderen Seiten der Menschennatur zergliederte.«*

In Richtung auf Charakterstärke verläuft menschlich-individuelle Entwicklung, wenn zunehmend aus einem Einheitsprinzip heraus alle Seelenkräfte gebündelt werden. Die kantische Philosophie hat dies für Dilthey mit den Gedanken von Egoität, Selbstbestimmung, Autonomie als Fundamentum kognitiven und moralischen Handelns richtig gesehen, aber – wie es heißt – zu intellektualistisch, zu kognitiv und zu »zergliedernd« akzentuiert. »Der Typus des vollkommenen Menschen« bei Dilthey »ist … charakterisiert durch die vollkommene Entwicklung des teleologischen Verhältnisses zwischen den Reizen, Gefühlen und Willenshandlungen« (GS XXI, 331). Das heißt, teleologische Entwicklung verweist für Dilthey stark auf das Ineinandergreifen von Milieureizen, Gefühlen und Handlungsabsichten, in die kognitive Akte nur einbezogen sind.

Wenn pädagogische Förderprogramme diese Entwicklung unterstützen wollen, so besteht ihre Aufgabe darin zu berücksichtigen, dass die psychischen Einzelakte und einzelnen Seelenklassen – wie Dilthey sagt – »im Seelenleben des Kindes einzeln, partikular« vorhanden sind und erst über »Entwicklung … unter ihnen einen Zusammenhang« (GS IX, 183) bilden. Nötig ist es für ihn, über »psychologische Anthropologie der Naturvölker, Psychologie des Kindes, experimentelle Psychologie« (ebd.) herauszubekommen, wie solche Zusammenhänge entstehen, hat er doch die Hoffnung, dass über Forschungen zu sozusagen ›kindlichen‹ Ethnien ebenso wie zu Kindesentwicklung das zunehmende Ineinandergreifen partikularer, einzelner psychischer Akte begriffen werden kann. Er selbst konzipiert kein Stufenkonzept der Entwicklung von partikularen seelischen Einzelakten zu mehr Einheitlichkeit, sondern bezieht sich auf den Erfahrungsschatz bisheriger Pädagogiken, wenn er Handlungsformen, in denen sich Erziehung vollzieht, wie Spiel, Übungen, Unterricht oder Teilnahme an sozialem Leben unter der Frage betrachtet, wie und welche Formen besonders entwicklungsförderlich sind. Ihm gilt nur als grundlegend, dass sowohl die Pluralität der Artikulation seelischer Einzelakte als auch deren Zusammenwirken zu fördern ist, weil

> »*alle Entwicklung (Evolution) … (ein, R.U.) freies und produktives zunehmendes Ins-Spiel-Treten dieser Mannigfaltigkeiten (von Seelenregungen, R.U.), (eine, R.U.) Herstellung von Beziehungen in ihr*« ist (ebd.).

In seiner Abhandlung »Über die Möglichkeit einer allgemeingültigen pädagogischen Wissenschaft« (GS VI, 64f.) geht Dilthey davon aus, dass bei solchem »Ins-Spiel-Treten« von pluralen Seelenregungen die Apperzeption von Welt über »Empfindung, Wahrnehmung und Denken« aufgrund bisheriger Erfahrungslehren ebenso bekannt ist wie der Zusammenhang von »Trieb, Begehren, Wille«, um Welt zu behandeln. Rätselhaft und besonders wichtig ist ihm der Zusammenhang der Gefühle mit Apperzeptionen und Begehrungen. Für ihn ist die Verbindung von Trieben, Gefühlen und Wille eine Zentralverbindung, um die oben genannte Charakterstärke zu erreichen. Bei Kindern vermeint er zu sehen, dass diese Verbindung noch nicht gegeben und deshalb vor allem gefördert werden muss:

> »*Man beobachte ein Kind! Der Trieb nach Nahrung, die Reaktion auf Verletzungen, die zärtliche Hingabe treten in ihm isoliert, ohne Beziehung auf das Ganze seiner Bedürfnisse und ohne eine hierdurch ermöglichte Abschätzung ihres Wertes und Anspruchs auf. Wie Sonnenschein fliegt Zärtlichkeit über sein Gesicht und macht sogleich anderen Gefühlen und Antrieben Platz. Im Charakter des Naturmenschen ist das Unstete seiner Antriebe und Strebungen stets besonders charakteristisch hervorgehoben worden.*« (Ebd., 65f.)

Die Konsequenz dieser Beobachtung, die Dilthey in dem allgemeinen Satz zusammenfasst, dass die »verschiedenen Reaktionsweisen des Gefühls und Triebes auf Vorstellungen … am Anfang der seelischen Entwicklung noch nicht miteinander verbunden« (ebd.) sind, besteht darin, dass er vor allem Hilfestellungen zu Stetigkeit, Festigkeit und Dauerhaftigkeit von Gefühlskreisen als zentrales Moment von pädagogischen Förderprogrammen ansieht. Denn so heißt es bei ihm im Vorlesungskonzept über Pädagogik (GS IX, 187):

> »*Würden im Menschen nicht Triebe über die ratio herrschen usw.: dann würde sein Denken sich nicht entwickelt haben.*
> *… (Die) Regungen, Gefühle, Triebe entscheiden über die Art, wie der Mensch sich in der Welt fühlt und diese behandelt. Sie machen den Charakter des Menschen als Anlage aus. In ihnen ist das Ele-*

mentarische, Widerspruchsvolle, Irrationale, zugleich Machtvolle, der Entwicklung und immer höheren Harmonien Zustrebende in der Menschennatur. Durch sie sind wir uns ein Rätsel und oftmals auch anderen. Durch sie vollbringen wir, was im gemeinen Lauf des Glückseligkeitsstrebens niemals liegen würde. Durch sie ist die harte Arbeit der Person und der Menschheit bedingt. Durch sie ist zugleich die Erdnähe des Menschen und seine Erhabenheit bedingt. Das sind die Anlagen, welche Pascal den Menschen als einen entthronten König und zugleich usw. erscheinen ließen, Kant als Sinnengeschöpf und Vernunftwesen. Alle diese arbeiteten nur mit Abstraktionen. …
Dieses ist Bedingung der Entwicklung. Entwicklungsmöglichkeit = zwischen verschiedenen Möglichkeiten den Zusammenhang herzustellen.
Anwendung auf die Pädagogik. Die bisherige pädagogische Theorie ist bis zu diesen eigentlichen zentralen Tatsachen gegangen, hat aber diese selber noch nicht in ihrer Bedeutung erkannt, analysiert usw. Grund: intellektualistische Richtung. Sie sind aber zentral. Von ihrer harmonischen Vereinigung hängt Glück und Unglück ab.«

»Erdnähe« und »Erhabenheit« zeichnen für Dilthey das Menschliche des Menschen aus, machen ihn zu einer Sphinx für sich selbst und für andere. »Regungen, Gefühle, Triebe« sind die Potenzen, die die Basis dieser Doppelnatur darstellen und gleichzeitig die Möglichkeit bieten, danach zu streben, diese Widersprüchlichkeit zu harmonisieren. Deshalb kann nach Dilthey die kantische Trennung des Menschen in ein empirisch-sinnliches Geschöpf einerseits und intelligibles Subjekt andererseits keine Lösung sein, um Einheitlichkeit des Subjekts in der Form der Einheit des Bewusstseins und moralischer Autonomie zu gewinnen. Ihm gilt vielmehr das Ineinandergreifen von »Regungen, Gefühlen, Trieben« als Möglichkeit der Gewinnung von Einheitlichkeit des Ich, von dem, was er »Souveränität« der Person nennt.

Bei Kindern nun zeigt sich nach Dilthey weniger das Zusammenwirken der Gefühlskreise als vielmehr deren Getrenntheit und

Flüchtigkeit. Optimaler Förderung von Entwicklung muss deshalb daran gelegen sein, die Potenzen für Souveränität, die elementaren Bestandteile von Regungen, Gefühlen und Trieben einerseits zum Ausdruck kommen und andererseits zu festen und dauerhaften Verbindungen werden zu lassen.

Indizien des »Seelenlebens« für Entwicklungsförderung

Grundlegend für pädagogische Förderprogramme ist – wie gesehen – bei Dilthey das Vorhandensein einer Pluralität von seelischen Akten, die ein Ineinandergreifen von Trieben, Gefühlen, Denken und Wille darstellen. In diesem mannigfaltigen Seelenleben sind Tendenzen angelegt, mit Milieu und miteinander »produktiv« ins Spiel zu treten und sich aus Partikularität hinaus hin zu festeren »Zusammenhängen« auszubilden. Immer wieder greift Dilthey auf biologisch-anthropologische Vergleiche zurück, um vor allem die Verbindungen von Trieben und Gefühlskreisen als zentral für Entwicklungsprozesse zu beschreiben. Denn seiner Ansicht nach ist erkennbar, »wie das Seelenleben des Menschen sich an den Grundplan des tierischen anschließt« (ebd., 221). Dies gilt vor allem für die Entwicklung des Menschen als eines sozialen Wesens.

So beschreibt er in seinem Konzept der Vorlesungen zur Pädagogik (ebd.) in Anlehnung an zeitgenössische biologische Forschungen, wie in der Fauna »Tätigkeitstriebe« mit »Lustregungen«, »Nahrungstriebe« mit »Besitztrieben« und »Nahrungslustgefühlen« oder »Herrschaftstriebe« mit »Tierherden« oder »Tiergeselligkeit« oder »Begattungs- und Muttertriebe« mit Gefühlen »von Zorn und Drang« mit »Stolz und Eitelkeit« verbunden sind. Solche Verbindungen wirken für ihn im Ganzen zweckmäßig, obwohl einige davon für ein Tier auch tödlich sein können (wenn die Anziehungskraft eines schönen Gefieders beim Vogel sowohl den Begattungspartner als auch den Fressfeind anlockt), mithin »unzweckmäßig« sind. Genau ein solches Maß der Vermischung von zweck- und unzweckmäßigen Verbindungen von Trieben und Gefühlskreisen sieht Dilthey auch in menschlichem Leben wirksam, wenn auch in

»gesteigerter«, d.h. komplexerer Form. Dilthey nennt dies die »höhere Organisation« menschlichen Lebens, insofern Menschen im Unterschied zu Tieren durch »Wahrnehmung und Intelligenz gleichsam freier« (ebd., 222) von elementaren Trieben und Milieueinflüssen sind. Sie können im Zusammenspiel mit Umwelt ihre Sinneswahrnehmungen und Nahrungs- wie Schutz- und andere Triebe mit mannigfaltigeren Lustregungen und Gefühlszuständen verbinden. So sind beispielsweise Gefühle der Freude, des Vergnügens und des Angenehmen mit dem Betrachten von Bildern, dem Hören von Tönen, der Erkenntnis und Gestaltung von Dingen verbunden. So verwirklichen sich in menschlicher im Unterschied zu tierischer Geselligkeit nicht nur Schutz- oder Nahrungserwerbstriebe, sondern auch Grundgefühle der Achtung und des Respekts von Leben und Besitzansprüchen, der Fürsorge und Liebe bis hin zu religiösen Gefühlen in Gemeinden.

Dilthey begründet diese höhere Organisation des menschlichen gegenüber anderem Leben hirnphysiologisch mit dem höheren »Reichtum des menschlichen Gehirns an Zellen und Leitungen …, (das, R.U.) dem Fortgang vom Reiz zur Bewegung eine sehr zusammengesetzte, innerliche, zögernde Erwägung und Wertung der Reize« (ebd., 223) ermöglicht. Dieser Reichtum ist Ergebnis verlängerter Kindheit und Jugend, das sich der Trennung von Teilnahme der Kindheit am bloßen Zweck des Überlebens, aber auch der Teilnahme des Menschen an schöpferischem ästhetischen Tun schon in frühen, damit kindlichen Kulturen verdankt. Dilthey findet gerade in den Tätigkeiten außerhalb des Kampfes um Überleben »Indizien«, die für pädagogische Förderungsprogramme »leitend« sein können, eben weil sie »elementar«, d.h. auf frühen Entwicklungsstufen angesiedelt und doch nicht direkt auf Lebenserhalt gerichtet sind. So gelten ihm

1. die endlosen »Warum-Fragen« des Kindes als Ausdruck elementarer Neugierde des Kindes auf Erkenntnis von Welt, durch die die Denktätigkeiten mit Gefühlen der Freude und des Vergnügens verbunden sind;

2. das Angelegtsein des Kindes auf Realisierung von kreativem Bilden, freiem ästhetischen Gestalten und sprachschöpferischem Tun als Ausdruck elementarer Befreiung von Bindung an partikulare Reize;
3. das Leben früher (kindlicher) Menschen in kleineren und größeren Gemeinschaften wie Familie, Geschlecht oder Stamm als Ausdruck von elementaren Grundgefühlen der Bindung an andere;
4. das Leben früher (kindlicher) Menschen in religiösen Zusammenhängen, bei denen ihnen die Gottheit die »Macht der Fürsorge, der sittlichen Vorschrift und Strafe« (ebd., 225) repräsentierte, als Ausdruck der Suche nach Selbstgewissheit.

Von daher bieten sowohl elementare Triebe und Gefühle als auch die elementare Organisation menschlichen Lebens Anknüpfungspunkte für Entwicklung an, die zur Zweckmäßigkeit der Realisierung reicheren Lebens führen können. Deshalb kann Dilthey wie Rousseau davon ausgehen, »dass der Mensch insofern gut sei, als die in ihm angelegten Reaktionsweisen für sein Leben und das der Gesellschaft Zweckmäßigkeit besitzen« (ebd., 225). Aber Grundzug menschlichen Lebens ist auch, wie Dilthey schon in der Mischung von zweck- und unzweckmäßigen tierischen Trieben und Gefühlen betont, dass Zweckmäßigkeit kein gegebenes Telos ist. Wie er der Betrachtung kindlicher Ethnien auch entnehmen kann, ist die Unstetigkeit der Verknüpfungen von Gefühlskreisen bzw. das Überschreiten des höheren Lebensorganisationszwecks durch Dominanz einzelner Trieb- und Gefühlsaspekte das Hauptproblem der Entwicklung zweckmäßigen Lebens. »Der wilde Mensch ist von Leidenschaften geteilt und zerrissen« heißt es in der Pädagogikvorlesung (ebd.) und in der Ethikvorlesung (GS X, 92f.): »Der primitive Mensch … (ist, R.U.) launenhaft, von momentanen Impulsen bewegt, unfähig zu regulärer Tätigkeit und andauernder Arbeit, deren Lohn in der Zukunft liegt.« Deshalb bietet für Dilthey die spätere höhere Organisation menschlichen Lebens einen »Apparat von stetigen Einwirkungen« (ebd.) auf, um Entwicklung in Richtung eines zweckmäßigen Ineinandergreifens von Trieb- und Gefühlskreisen voranzubringen. Solche Einwirkungen geschehen für ihn über die Bindungskräfte, über die Familien zusammengehalten werden, über »Schaden«, den Natur aufgrund unzweckmäßiger Eingriffe in sie hervorbringt, über »Ehre« und »Schande« als Folgen gemeinschaftsfördernder oder -schädigender menschlicher Handlungen oder über »Strafe« und »Belohnung« als Folgen von Verstößen oder Erfüllung staatlicher Pflichten.

Was Kant in seiner Pädagogikvorlesung als Erziehungsverständnis von Aufklärung formuliert, nämlich den Menschen zu disziplinieren, zu zivilisieren und zu moralisieren, sieht Dilthey als Bestandteil der Organisiertheit menschlichen Lebens an. Der Mensch entwickelt sich innerhalb von gewollten Bevorzugungen eines zweckmäßigen Lebenszusammenhangs, sodass Unzweckmäßigkeit prinzipiell vermieden werden kann. Dies gilt besonders dann, wenn von »besonders veranlagten Individuen ein inhaltliches Bewusstsein des Zweckes menschlichen Daseins« (ebd., 226) entwickelt und als Lebensideal für viele bedeutsam wird. Dann besteht die Möglichkeit, dass ein Ineinandergreifen von Trieb- und Gefühlsregungen auch über inhaltliche kulturelle Zwecke als Grundlage zweckmäßiger höherer Organisation menschlichen Lebens entsteht: ein sittlich-religiöser Zusammenhang des Seelenlebens:

> *»Der Inhalt dieser menschlichen Sittlichkeit besteht … in Verbindungen der elementaren Regungen, wie sie durch die Gesetze des Gefühls und des Willens in den zerstreuten Regungen eine Einheit des Charakters hervorrufen. Hier begegnen und bedingen sich die Entwicklung des Individuums und die der Gesellschaft. Wie diese ineinander greifen, das ist eine der tiefsinnigsten Tatsachen alles Menschlichen und Geschichtlichen. Das Individuum wird nur in der Gesellschaft zur Einheit des Charakters gebildet, und nur weil im Individuum diese Bildung möglich, gelangt die Menschheit dazu.«* (Ebd., 226)

Entwicklung geschieht also über Wechselwirkungsprozesse zwischen sich entwickelnder kultureller und individueller Zweckmäßigkeit, deren Optimum das Ineinandergreifen beider Entwicklungen ist. Dilthey macht jedoch in der Ethikvorlesung (GS X, 90f.) darauf aufmerksam, dass für kulturelle Entwicklung die Hinwendung zu zivilisierter und moralischer Lebensführung »keine zu allen Zeiten wirksame Tendenz« darstellt, dass in zivilen Lebensordnungen auch inhumane Momente enthalten und dass Entwicklung zu »reicherem Leben« auch einer Dialektik dieser Entwicklung unterworfen ist. Gerade deshalb braucht kulturelle Entwicklung für ihn sowohl »moralische Motoren« als auch »permanente (Ein)Wirkungen« auf soziale Verbände und Institutionen, um einen sittlich-religiösen Lebenszusammenhang auf Dauer zu stellen. »Liebe und Sorge für die Verbände, Hingabe an die Zwecke der Kultur« (ebd., 92) ist daher auch Kennzeichen individueller Entwicklung als Hineingreifen in kulturelle Entwicklung. Die Chance von gegenseitiger Höherentwicklung liegt dabei für Dilthey in dem evolutiven Angelegtsein höherer Organisationen und entwickelten Menschseins auf gegenseitige Passung:

> »*Es gibt Handlungsweisen und Eigenschaften, welche geeignet sind, die Gesellschaft zusammenzuhalten; sie gewähren dem Einzelnen Befriedigung, sie fördern die Herrschaft der Gesellschaft über die Natur, sie fördern Einigkeit, Harmonie, engen Zusammenhang der Individuen im gesellschaftlichen Ganzen. Solche Eigenschaften oder Handlungsweisen bezeichnen wir als Tugend, gut, sittlich.*« (Ebd., 99)

So sind »moralische Motoren«, die nach Dilthey von den genannten »besonders veranlagten Individuen« aus Kunst, Philosophie und Wissenschaft ihre Legitimation und Bedeutung erhalten, vor allem diejenigen ethischen Gedanken, über die Gesellschaft elementar zusammengehalten wird und die auf den Trieb- und Gefühlstiefen individuellen Lebens aufliegen. In der Ethikvorlesung (ebd., 100ff.) nennt er sie »die allgemeinen und beständig wirkenden Triebfedern des sittlichen Lebens«. Als solche gelten ihm das »Streben nach persönlicher Tüchtigkeit«, die Tendenz zu einem geselligen Leben, das durch »Sympathie, Wohlwollen, Liebe« bestimmt ist, die Existenz von »Pflicht- und Rechtsgefühlen«, die aus dem Bewusstsein »der Treue gegen sich selbst und der Achtung des Selbstwerts der anderen Person« entstehen, die »Hingabe an die selbstständigen Werte oder Güter, welche die Arbeit der Geschichte hervorbringt«, sowie die »Verwebung des Individuums in Verbandeinheiten«.

Diese Triebfedern enthalten nach Dilthey deshalb eine immanente Teleologie auf Höherentwicklung, weil sie dem evolutiven Prinzip der Passung entsprechen. Wie Leben generell sich der umgebenden Natur anpasst, so passt sich individuelles menschliches Leben dem »Zusammenhang der Werte der Dinge« an. Diese Triebfedern haben zudem ihren Ort in der Entwicklung menschlich-individuellen Seelenlebens, insofern ihre Artikulation elementar-kindliches Erleben von Freude und Schaffensdrang hervorruft.

Pädagogische Förderprogramme können und müssen sich auf solche »Elementarvorgänge« beziehen, wie Dilthey die gegenseitige Passung von evolutiver Entwicklung des Einzelmenschen wie von Gesellschaft nennt. Denn für ihn ist das Gelingen des Ineinandergreifens von Seelenzuständen und Kulturidealen in der Form eines Systems von Wechselseitigkeit entscheidend für »unser Glück und Unglück, (weil, R.U.) in ihm … jede Sprungfeder des gesellschaftlichen Lebens wie der persönlichen Entwicklung enthalten« (GS IX, 220f.) ist, wie er in der Vorlesung über Pädagogik sagt. Darum ist es sein Anliegen, solchen Sprungfedern durch Kriteriensuche zur Entscheidung über Förderungswürdiges auf die Sprünge zu helfen, indem er sich fragt, was pädagogische Förderprogramme in Rechnung stellen müssen, wollen sie der Teleologie des Seelenlebens bzw. dem Verständnis von Kinderseelen und kultureller Evolution gleichzeitig gerecht werden.

Kriterien zur Förderung von Entwicklung des »Seelenlebens«

Individuelle Entwicklung und kulturelle Evolution sind – wie gesehen – aufgrund der anthropologischen Lebensnotwendigkeit von Anpassung auf ein Zusammenwirken angelegt, sodass gegenseitige

Steigerung zu einem Zweckzusammenhang entsteht. Diese Steigerung erfährt nach Dilthey dann für menschliches Leben mit seiner Wechselwirkung von Anpassung des Ich an Milieu und von Umwelt an das Ich einen positiven Verlauf, wenn das Ineinandergreifen von Seelenentwicklung und kultureller Evolution für beide Seiten »gut« ist. Dies hat für die pädagogischen Förderprogramme zur Konsequenz, Erziehung – heute würde man sagen – ›systemisch‹ anzulegen, d.h., die gegenseitigen Abhängigkeitsverhältnisse von Individuum-Umwelt-Konstellationen bei Entwicklung zu berücksichtigen. Dilthey schreibt solche Berücksichtigung von Abhängigkeitsverhältnissen bei Erziehungsprogrammen als Aufgabe – wie in der Mitschrift seiner Vorlesung von 1884 (Dilthey 1971, 112ff.) erkennbar – vor allem zwei Kultursystemen zu: dem politischen System und dem Wissenschaftssystem besonders mit den Disziplinen Psychologie und Ethik.

Für das politische System gilt der Satz Diltheys (GS IX, 192): »Die Erziehung ist eine Funktion der Gesellschaft.« Damit greift er den oben genannten Gedanken der »höheren Organisation« menschlichen Lebens auf, demgemäß Leben sich zur Selbsterhaltung über Anpassung zu einem Zweckzusammenhang verbindet und im Falle menschlichen Lebens zu einem Zusammenhang wechselseitiger Einwirkungen von Institutionen, Verbänden und Kultur. So bildet für ihn

> *»die Gesellschaft … wie ein Organismus ein Ganzes, seine Teile sind zur Selbsterhaltung verbunden und zu einheitlicher Wirkung befähigt; die Elemente, aus denen sie besteht, treten aus und ein, während die Einheit fortexistiert: Sie sind zu einer Mehrheit von Systemen … (Kunst, Religion, Wissenschaft) verwebt, deren jedes eine besondere Funktion für das Ganze hat. In diesem fortlaufenden sozialen Erneuerungsprozess hat die Erziehung die Funktion, die neu eintretenden Elemente so auszubilden, dass der Ertrag der Arbeit der Gesellschaft erhalten, übertragen und womöglich durch die neuen Personen gesteigert wird.«* (Dilthey 1971, 113)

Aus systemischer Perspektive von Gesellschaft unterliegt Erziehung der Aufgabe, das System Gesellschaft aufrechtzuerhalten und zu steigern, das über die anthropologischen Konstanten von Tod und Geburt der Mitglieder des Systems zu einem Wechsel von Systemelementen gezwungen ist und dennoch seine Einheit aufrechterhalten muss. Die Erziehungsbedürftigkeit des Menschen ist mithin aus dieser Perspektive durch das Selbstinteresse der Organisation von menschlichem Leben gegeben. Der Gesellschaft als Gesamtsystem, das auf Erhalt seiner selbst angelegt ist, muss daran gelegen sein, den Neuankömmlingen Befähigungen zukommen zu lassen, den Prozess der Entwicklung des Lebens fortzusetzen, ja diesen Prozess zu steigern. Steigerung aber ist – wie bereits gesagt – vom Gelingen des Ineinandergreifens individueller Entwicklung und kultureller Evolution abhängig. Dies ist für Dilthey der Grund der Ablösung traditionaler Weitergabe von Befähigungen hin zur Einführung »kunstmäßiger und absichtlicher Tätigkeit« (ebd.) als Erziehung im Verlaufe menschlicher Geschichte.

Die europäische Evolution von Kultur gibt dabei dem politischen System Hinweise, wie diese kunstmäßige Erziehung anzulegen ist. So sieht Dilthey die kulturelle Entwicklung der europäischen Gesellschaft als zu einem bestimmten religiös-sittlichen Zusammenhang hin tendierend, insofern die Vorstellung vom Selbstwert der Person einen besonderen Stellenwert als »Triebfeder des sittlichen Lebens« (s.o.) erhalten hat. Dies legt es der politischen Konzeptualisierung absichtlicher Erziehung nahe, der Personalität der Person und dadurch gekennzeichneten zwischenmenschlichen Beziehungen besondere Bedeutung zuzusprechen. Denn

> »*jede Person ist unvergleichbar mit einer anderen; sie kann aus dem Naturzusammenhang nicht abgeleitet werden: Sie trägt ihren Zweck von dem inneren Gesetze ihrer Bildung in sich selbst. Zugleich ist sie mit den anderen Mitgliedern dieses Personenreiches in dem Verhältnis von Wohlwollen, Sympathie, Hingebung und in dem andern Verhältnis von Rechtschaffenheit und Gerechtigkeit verbunden. Hier entspringt ein tieferes Bedürfnis und Recht der Erziehung. Das Lebensverhältnis zwischen Eltern und Kindern ist*

> *nicht durch abstrakte Begriffe abzumessen und geht jeder Rechtsordnung voraus. Es enthält die väterliche Autorität und die Pflicht, die Kinder als ihren Zweck in sich tragende Personen zu bilden. Aus derselben Tatsache folgt, dass die Erziehung des Kindes zu der in ihm gelegenen Vollkommenheit und Glückseligkeit von der zu seinem Beruf in der Gesellschaft nicht getrennt werden kann.*« (Ebd., 114)

Aus der europäischen Tradition des Sinns von Institutionen und Verbänden, dem Individuum Achtung und Respekt entgegenzubringen, leitet Dilthey auch den Anspruch von Kindern auf Selbstzweckhaftigkeit und Respekt vor diesem Selbstwert der Person des Kindes ab. Wie oben gesehen, erfüllt sich der Selbstwert der Person für Dilthey im Streben nach Tüchtigkeit, einem Leben in Sympathie, Wohlwollen und Liebe mit Achtung vor dem Selbstwert anderer Personen und in der Hingabe an Werte, die durch Arbeit hervorgebracht werden. Entsprechend heißt es – Letzteres thematisierend – in dem Zitat, dass »Vollkommenheit und Glückseligkeit« des Kindes mit dem »Beruf in der Gesellschaft« verbunden ist. Das Gesellschaftssystem hat sich nach Dilthey arbeitsteilig mit entsprechenden Berufsvorbereitungen entwickelt, sodass aus dem Selbstinteresse der Teleologie des Seelenlebens und aus Notwendigkeiten der Evolution des Beschäftigungssystems die Möglichkeit gegeben ist, Erziehungseinrichtungen so anzulegen, dass

> »*die in der Nation vorhandenen psychischen Kräfte der Ausbildung zu dem Lebensberuf zugeführt werden, in welchem sie am meisten Befriedigung für sich und Nutzen für das Ganze erreichen*« (ebd., 115).

Darüber hinaus erfolgte für Dilthey die Ausdifferenzierung und Integration der Institutionen und Verbände der europäischen Gesellschaft so, dass von den Systemelementen der Gesellschaft wie Gemeinde, Kirche, Staat der Institution Familie zunehmend die Funktion von Erziehung genommen wurde, insofern öffentlich-staatliche Erziehung viele Aufgaben von Familienerziehung übernommen hat. Da Dilthey das Gesellschaftssystem als Organismus des Ineinandergreifens von Systemelementen ansieht, kann er dem politischen System für gelingende Evolution von Gesellschaft die Sorge dafür zusprechen, dass »Familie, Gemeinde, Staat und Kirche zur Funktion der Erziehung zusammenwirken« (ebd.).

Kernkriterien zu Entscheidungen über politisch-administrative Gestaltungen öffentlicher Erziehung werden für Dilthey mithin die Berücksichtigung »des inneren Gesetzes der Bildung« der Person, die Verzahnung von Bildungs- und Beschäftigungssystem sowie das Ineinanderwirken der sozialen Systemelemente »Familie«, »Gemeinde«, »Staat« und »Kirche« bei der Erfüllung ihrer Erziehungsfunktionen. Dabei können die »inneren Gesetze der Bildung« wiederum Unterkriterien für optimale Erziehungsprogramme innerhalb der Systemelemente abgeben, die mit Erziehungsaufgaben betraut sind. Bezogen auf Familie und funktionale Erziehung, die über »moralische Motoren« (s.o.) verläuft, sind dies für Dilthey zunächst »Gesetze« über den Zusammenhang von Trieben, Gefühlskreisen und Wollen. Für öffentliche unterrichtliche Erziehung sind dies »Prinzipien« und »Normen«, die vor allem der kognitiven Struktur des Seelenlebens zu entnehmen sind.

Zur Förderung von moralischer Entwicklung über die Berücksichtigung von »Gesetzen« des »Seelenlebens«

»Elementare« Verknüpfungen innerhalb des Seelenlebens und der höheren Organisation kulturellen Lebens sind für Dilthey die »Sprungfedern« von Entwicklung. Sie zu finden und für Steigerung von Entwicklung über planmäßige und absichtliche Erziehung zu verwenden hätte zur Folge, der Pädagogik als einer Reflexionsform feste Richtpunkte zur Entscheidung über Förderprogramme zu geben, insofern diesem System ein Wissen über die »inneren Gesetze der Bildung« zur Verfügung stünden. Genau dies würde Pädagogik von ihrem »Aschenbrödel«-Dasein im Gefüge der Wissenschaften befreien. Die Einsichten dieser Disziplin würden nicht als bloßer Ausdruck »edler Popularität« wahrgenommen werden können, sondern müssten als Ergebnisse von Auswahlen über allgemein gültige Gesichtspunkte zur Kenntnis genommen werden.

Auf dem Hintergrund der bisher vorgestellten Konzeption Diltheys ist es für ihn möglich, solche Gesichtspunkte zu entwerfen, wenn sie dem Grundplan von sich entwickelnder Individuum-Umwelt-Konstellation entnommen werden. Die elementarste Verknüpfung innerhalb dieser Konstellation ist für Dilthey in seinem Vorlesungskonzept zu Pädagogik (GS IX, 223) die Verbindung von Trieben und Gefühlskreisen, wie sie bei Kindern und kindlichen Ethnien gegeben ist, nämlich die Verbindung der »Vorgänge des Lernens mit Interesse und Lust« über kindliche »Neugier« und dem »Trieb nach Erklärung« von Welt.

> *»Durch die Erkenntnis des ›Warum‹ Dinge in seine Gewalt zu bekommen, das ist ein Vorgang in dem Kinde, welcher der Typus, das mächtigste Agens in der Geschichte der Zivilisation ist. So wird es zu der wichtigsten Regel der Erziehung, Kausalerkennen vom Zweckhandeln niemals loszulösen, Erklären nie vom Machen, Denken nie vom Handeln, für jede zu gewinnende Erkenntnis dem Kinde eine Stelle zu zeigen, an der sie gleichsam einen Hebel einsetzt.«* (Ebd.)

Die Ermöglichung des Ineinandergreifens der Zustände des Seelenlebens bei gleichzeitiger Integration der verschiedenen Zustände über einen Zentralakzent ist für Dilthey das Grundprinzip des pädagogischen Geschäfts. Dieses Elementarprinzip der Förderung von Entwicklung gilt zuvorderst für Erziehung als Förderung von moralischer Erziehung über soziale Nahsysteme wie Familie, Schule usw. Diese Nahsysteme können sich zu diesem Zweck – wie er sagt – der »Gesetze« des Trieb- und Gefühlslebens bedienen. Als solche gelten ihm in seinem Vorlesungskonzeptteil zu systematischer Pädagogik (ebd., 226f.) und ebenso in seiner Abhandlung über die Allgemeingültigkeit von Pädagogik (GS VI, 64f.) Gesetze des sozialen Handelns von Menschen, die darin bestehen,

1. dass in sozialen Kontexten »Gefühle als Affektionen des Ich oder Selbstbewusstsein« auftreten, d.h. als nicht von sonstigem Ich-Bewusstsein getrennte Momente, sondern als deren Bestandteile,
2. dass »sofern Gefühle in Antriebe übergehen, … derselbe Moment nur von **einem** Antrieb erfüllt« ist, d.h., dass Handeln sich als Integration von Triebregungen, Empfinden, Denken, Wollen zu einem Zweck zeigt,
3. dass diese Integration von Fühlen, Denken, Wollen zur Einheit einer Handlungsrealisierung »als Befriedigung oder Glück empfunden und ersehnt (wird, R.U.). In dem Grade, in welchem zwischen Wahrnehmung und Handlung das Zwischenglied sich zusammensetzt, Erinnerung und Zukunft in sich aufnimmt, den direkten Ablauf hemmt, nimmt die Übermacht dieser Tendenzen auf Befriedigung über die einzelnen, wenn auch noch so starken Regungen von Zorn, Rachsucht, sinnlichem Affekt zu.«
4. dass die »Regulierung der Triebe in der Gesellschaft durch verschiedene in ihr auftretende Kräfte gefördert« wird.

Mit diesen Gesetzen macht Dilthey darauf aufmerksam, dass moralisches Handeln von Heranwachsenden nicht darüber zu fördern ist, dass moralische Appelle vorgenommen oder moralisches Wissen vermittelt wird, sondern nur darüber, dass auf das eingewirkt wird, was als ›woraufhin‹ mit all den Regungen, Gefühlen, Denken und Wollen von Heranwachsenden fassbar wird. Und die Zentralstelle für dieses Einwirken ist das »Zwischenglied« der Impulshemmung als Grundlage für den Aufbau von Verhaltenskontrolle, damit die Einheit der Handlungsrealisierung nicht durch die Übermacht eines Momentes von Trieben und Gefühlszuständen (Zorn, Rachsucht) zu Stande kommt. Diese Handlungshemmung gelingt nach Dilthey über den Aufbau von »Erinnerung« und »Zukunftsantizipation«. Gemeint ist damit, dass der Aufbau von Erinnerungen bisheriger und die Erwartbarkeit kommender positiver Folgen bei der Überwindung schädlich-übermächtiger Trieb- und Gefühlsregungen den Gewinn verspricht, ethische Gefühlszustände als einheitliches Handlungsmotiv zu gewinnen. Wenn Dilthey im Zusammenhang mit dem 3. Gesetz sagt, dass es

> »*die Leistung der Zivilisation (ist, R.U.), dass … allmählich ein in sich einheitlicher Plan der Befriedigung, der sich auch mit der Umgebung in Einklang setzt, das Übergewicht über starke, doch schädliche Affekte gewinnt*« (ebd.),

dann legen seine Gesetze es nahe, moralische Erziehung als Gewöhnung an umgebende Sitte und Gewohnheit anzulegen, die ihrerseits so geartet sein muss, dass sie »Glück« und »Befriedigung« dadurch verspricht, dass Einklang zwischen Seelenzuständen und moralischen Erwartungen besteht. In der Ethik-Vorlesung (GS X, 67f.) macht er z.B. darauf aufmerksam, dass Handeln aus dem Einheitsprinzip der Solidarität gegenüber anderen dann Handlungsantrieb wird, wenn über gegenseitige Verstehensprozesse ein zunehmendes Verständnis von »Gefühlen und Regungen, Antrieben, welche in der je anderen Person stattfinden«, erfolgt, sodass über die Gewohnheit, zu verstehen zu suchen, ein Handlungshabitus entsteht. Dieser unterscheidet sich von Handeln aus Mitleid, weil er aus der »Gemeinschaft zwischen Mitlebenden« entwickelt ist und nicht eine bloße Empfindung darstellt. Darüber hinaus ruft nach Dilthey

> »*alles, was die Solidarität verstärkt, Reibungen ausschließt, Kooperationen, gegenseitige Durchsichtigkeit, Verständnis und Einverständnis zur Folge hat, ein entsprechendes angenehmes Gefühl hervor. Dagegen das Auseinandergehen der Interessen, das Nichtverstehen, die Undurchsichtigkeit, die Fremdheit werden in Wehegefühlen verschiedenen Grades empfunden.*« (Ebd., 68)

Verstehens- und Verständigungsprozesse und die Überwindung von Fremdheit erfahrbar werden zu lassen, diese Erfahrungen als Erinnerungen ebenso zu gewinnen wie Vertrauen auf die Bedeutsamkeit dieser Erfahrung für die Zukunft, ruft nach Dilthey Gefühle des Angenehmen hervor und lässt sich aus den oben genannten

Gesetzen des Seelenlebens als wichtig für Förderprogramme bei moralisch-ethischer Erziehung ableiten. Diese »Gesetze« des Seelenlebens können mithin allgemeine Hinweise auf die Gestaltung moralischer Atmosphären in Nahbeziehungen geben. Diese Nahbeziehungen müssen demgemäß zwei Aspekte enthalten: Momente der Dauerhaftigkeit und Einheitlichkeit von Handlungsmotivationen sowie der Förderung von Gemeinsamkeit über soziales Verstehen.

Zur Förderung von kognitiver Entwicklung über die Anwendung von »Prinzipien« oder »Normen«

Das gedankliche Grundgerüst, von dem sich Dilthey bei seinem Konzept einer Systematischen Pädagogik leiten lässt, besteht – wie bisher deutlich wurde – darin, pädagogische Förderungsregeln aus seinem Konzept einer Teleologie des Seelenlebens in seiner Verschränkung mit Ich-Umwelt-Relationen zu entwickeln. Dabei sucht er die Kräfte des Seelenlebens über analytische Trennungen in seiner Komplexität zu entfalten und die Aspekte dieser Komplexität über die Bestimmung eines Zweckzusammenhanges zu synthetisieren. Das Ineinandergreifen der einzelnen Seelenkräfte und der Ich-Umwelt-Relation gilt ihm als zentral für die Entwicklung von Seelenzuständen oder den Kräften des Lebens. Dafür sucht er »Sprungfedern« oder »elementare« Verknüpfungen von Systemelementen. Dies gilt nicht nur für das Leben in menschlichen sozialen Beziehungen, bei dem das Ineinandergreifen von Triebregungen, Gefühlszuständen und Wollen sowie das Ineinandergreifen solcher Gefühlskreise mit ethisch bestimmten Elementen des Gesellschaftssystems über absichtliche Sozialerziehung gefördert werden soll. Dies gilt auch für das, was Dilthey »intellektuelles Leben« nennt. Auch bei der Bestimmung der Förderung von kognitiver Entwicklung des Seelenlebens lässt sich Dilthey von diesem Grundansatz leiten, elementare Verbindungselemente sowohl innerhalb des kognitiven Seelenzustandes als auch innerhalb der Ich-Umwelt-Konstellation zu suchen. Dabei sieht er die Seelenkraft »Denken« analytisch als ein Aggregat von Sinnes-, Verstandes- und Vernunftoperationen, die nicht voneinander getrennt sind, sondern ineinander übergreifen. Ähnlich wie die Seelenzustände »Triebregungen«, »Gefühls- und Wollenskreise« zeigt sich also die kognitive Seelenkraft für Dilthey als ein Zusammenwirken von Verschiedenem. In seiner »Vorlesung über Anwendungen der Psychologie auf die Pädagogik« (GS XXI, 347) formuliert er dies so:

> *»Das Seelenleben ist nicht ein Haus mit mehreren Stockwerken, in dessen unterem die Anschauungen und Wahrnehmungen säßen, während eine Treppe höher der Verstand und noch höher etwa die Vernunft ihren Platz hätten. Sondern Sinneswahrnehmungen sind ebenso gut diskursive Vorgänge wie die Denkoperationen; in beiden Fällen wird unterschieden, verglichen usw.«*

Wichtig ist ihm deshalb einerseits herauszuarbeiten, wie die »Stockwerke« des kognitiven Seelenlebens »elementar« miteinander verbunden sind, und andererseits, wie sie mit Umwelt in der Form von Anregungen verbunden sind.

Sowohl das Ineinandergreifen der Aspekte des Denkens als auch die Verknüpfung zwischen Denkkraft mit Milieu sind für Dilthey anders als das Zusammenwirken von Triebregungen und Gefühlskreisen in Kombination mit moralisch-ethischer Milieuumwelt. So steht Denken als Erkennen für ihn vor allem in Wechselwirkungsprozessen mit menschlichen Operationen gegenüber Natur und geschichtlich-sozial-kultureller Welt, wie sie vor allem durch Technik und Wissenschaften hervorgebracht wurden und werden. Und die internen Verknüpfungen des intellektuellen Seelenlebens gelten ihm gegenüber dem Zusammenhang von Triebregungen, Gefühlskreisen und Wille als fester, weil Denken eindeutiger als die anderen Seelenkräfte auf einen bestimmten Zweckzusammenhang ausgerichtet ist. Zweck des Denkens ist für ihn nämlich »Erkenntnis von Welt«, durch den diese Form des Seelenlebens vereinheitlicht wird. Er formuliert dies als Grundannahme mit dem Satz:

> *»Die Vollkommenheit der Bestandteile und Vorgänge, aus welchem das intellektuelle Leben besteht, hat ihre oberste Regel in dem Zweck dieser Vorgänge, eine den Bedürfnissen angepasste* ***Erkenntnis*** *herbeizuführen, wie er in dem teleologischen Zusammenhang des Seelenlebens erfahren wird.«* (GS IX, 205)

Dieser Andersheit der Ich-Umwelt-Konstellationen von Denkkräften und dieser festeren Verbindung der Aspekte dieser Seelenkraft sucht Dilthey dadurch gerecht zu werden, dass er zu ihrer Bestimmung nicht nur auf das Erfahrungswissen von Evolutionsbiologie und Psychologie, sondern auch auf Wissensangebote von Pädagogen zurückgreift, in denen Erfahrungen mit Lehren und Lernen verarbeitet werden. Denn er sieht, dass in den unterrichtsmethodischen Wissensbeständen der Pädagogik bereits thematisiert wird, was er als zentral für Kognitionen ansieht, nämlich dass die Entwicklung dieser seelischen Operationen im Zusammenhang mit Außenanregungen als Milieuumwelt steht und dass Denkkräfte nicht getrennt fungieren, sondern ineinander übergehen. Neuere Psychologie kann deshalb bisherige pädagogische Weisheiten auswählen und begründen. Daher begreift Dilthey in seiner Abhandlung »Über die Möglichkeit einer allgemeingültigen pädagogischen Wissenschaft« (GS VI, 73ff.), in seiner Vorlesungsniederschrift über »Anwendungen der Psychologie auf die Pädagogik« (GS XXI, 346f.) und in seinem Vorlesungskonzeptteil über systematische Pädagogik besonders ausgewählte Gedanken von Comenius, Rousseau, den Philanthropen, Pestalozzi, Herbart und Fröbel (GS IX, 207) als geeignet, allgemein gültige Prinzipien und Normen für Lehren und Unterrichten geben zu können, die kognitive Entwicklung optimal fördern zu helfen.

Diese kognitive Entwicklung ist für Dilthey durch eine »naturgemäße Reihenfolge« (GS XXI, 331) bestimmt, die er sowohl in seiner Vorlesung »über Anwendungen der Psychologie auf die Pädagogik« (GS XXI, 329ff.) als auch in der über »Grundlinien eines Systems der Pädagogik« (GS IX, 205ff.) als Nacheinander von spielender, sinnlich-anschaulicher, interessiert-aufmerksamer, gedächtnis- und verstandesmäßiger Erfahrung von Welt auffasst. Das Spielen in den Formen von »Wahrnehmungs- und Vorstellungsspielen«, von »Übungs-«, von »Fantasie-« und »Verstandesspielen«, auf keinen Fall aber in der Form von Glücksspielen bietet nach Dilthey dem kleinen Kind je nach Alter eine nicht-ernsthafte, lustvolle »Möglichkeit, die Struktur seiner Seele zu betätigen« (GS XXI, 332), d.h., Wahrnehmungen, Veränderungen, Vorstellungen und Fantasien von und über Welt sowie Kooperationen mit anderen nicht spezifisch, sondern allgemein und lustvoll zu entwickeln. Späteres Unterrichten kann sich dieser Erfahrungsweise von Welt bedienen, um »Wohlbefinden« von Kindern und Schülern zu ermöglichen. Dieses Unterrichten ist aber eine Tätigkeit mit »fremdartigem Zwang« (ebd.) und muss andere Akzente setzen, um das kognitive Seelenleben auf Arbeit und wissenschaftliches sowie technisches Operieren mit Welt vorzubereiten.

Für diese Förderung von Denkentwicklung durch unterrichtlichen Zwang gibt – wie gesagt – vor allem didaktisch-methodisches Wissen der Pädagogik Hilfestellung in der Form des Angebots an Prinzipien. »Ein solches Prinzip« – so sagt Dilthey (GS IX, 207) – »ist … die Formel für das Walten eines pädagogischen Wirkungselementes. Solche Formeln gelangen geschichtlich zum Bewusstsein, und sie können nachträglich mit der fortgeschrittenen Psychologie in Beziehung gebracht werden.« Das heißt, Dilthey sieht optimale Entwicklungsförderung der Seelenkraft »Denken« in ihrer Abhängigkeit von pädagogischem Erfahrungs- und psychologischem Wissenschaftswissen. Beide Wissensbestände gelten ihm als geeignet, Prinzipien und Normen für optimale Denkförderung zu geben, sofern sie das oben genannte Ineinandergreifen der Aspekte der kognitiven Seelenkraft über den Zweck der »Erkenntnis von Welt« und dazu passende Außenanregungen ansprechen. Aus dem historischen Repertoire von Unterrichtskonzeptionen entnimmt Dilthey deshalb folgende Prinzipien oder Normen der unterrichtlichen Denkförderung, weil sie seiner Ansicht nach modernem psychologischen Wissen entsprechen:

1. Unterrichtliche Förderung von Denkentwicklung hat dem Prinzip zu folgen, »eine den Bedürfnissen angepasste Erkenntnis

herbeizuführen« (ebd., 205), d.h., Lehrangebote dem Gedanken der Alters-, Entwicklungs- und Lebensgemäßheit anzupassen.

2. Sie hat für frühen Unterricht auf Sinnes- und Wahrnehmungsförderung zu setzen und dabei den Normen zu entsprechen, die von den oben genannten Pädagogen für den »Anschauungsunterricht« formuliert wurden. Diese verlangten, »von der Anschauung zu Begriff und Wort, und zwar von dem Ganzen, das in der Anschauung gefasst ist, zu den Teilen« (ebd., 207) zu gehen. Sie formulierten dabei die Gedanken, dass a) Kinder von ihrer näheren Umwelterfahrung zu weiterer Welterfahrung zu führen sind, dass b) diese Erfahrung über Differenzierung des Angeschauten zu versprachlichen ist und c) diese Versprachlichung über Elementarisierung von Anschauungsformen zu leisten ist. Dilthey ergänzt diese »Formeln« traditioneller Pädagogik um die Forderung, das »Auffassen innerer Zustände« zu fördern, d.h., über »Märchen, Erzählung, Epos« (ebd., 208) auch Gefühlszustände und nicht nur Umwelt erfahrbar zu machen.
3. Sie hat der Förderung von Interesse und Aufmerksamkeit als zentraler Kraft des Denkens besonderes Gewicht zu geben. Denn sowohl Förderung des anschaulichen wie des verstandesmäßigen Denkens hat »Interesse und Aufmerksamkeit« der Kinder und Schüler für Lehrgegenstände zur Voraussetzung, die durch Ermüdung, Ablenkung, Zerstreutheit und Eigenassoziationen gefährdet sind. Mit zeitgenössischer Interessenpsychologie interpretiert Dilthey Interesse und Aufmerksamkeit als Stärke von unwillkürlichen, direkten und willkürlichen, indirekten »Bewußtseinserregungen« (GS XXI, 336), durch die Denktätigkeiten auf ein Ziel hin konzentriert werden. Die Anregung direkter Bewusstseinserregungen (für Lehrgegenstände) muss das Ziel von Förderung sein. Indirekte Erregungen für Inhalte von Denkoperationen (über Interesse an Versetzung, Vermeidung von Strafen etc.) dürfen nach Dilthey nur ergänzend zur Verstärkung des erwünschten direkten Interesses bzw. der Aufmerksamkeit verwendet werden. Das pädagogische Erfahrungswissen gibt ihm viele Hinweise, wie unwillkürliches, di-

rektes Interesse über die Auswahl von Lehrgegenständen, über Präsentations- und Artikulationsformen des Unterrichts, über »Verbindungen von Wissen und Können, Lernen und Anwenden« (GS IX, 211) ebenso erhalten und geweckt werden kann wie über die »Herstellung günstiger körperlicher und äußerlicher Verhältnisse« (ebd.) des Unterrichtsraumes, über die Rhythmisierung von Zeit durch den Wechsel von Bewegung und Ruhe, von Arbeit und Erholung usw. sowie über »das Interesse, welches der Lehrer selbst der Sache entgegenbringt. Denn: Interesse ruft Interesse hervor.« (GS XXI, 338)

4. Sie hat, bezogen auf die Förderung von Gedächtnisleistungen, nicht den Gedanken zu vertreten, Gedächtnis als Speicher oder »Gefäß« aufzufassen, in das durch Lehren etwas hineingegossen wird, das dann in gleicher Weise reproduziert werden kann. Vielmehr hat Denkförderung in der Form von Gedächtnisförderung in Rechnung zu stellen, dass »Gedächtnis als Fortexistenz, Wirken, Reproduzierbarkeit von Vorstellungen und Verbindungen derselben« (GS IX, 212) zu sehen ist oder – wie Dilthey (GS XXI, 341f.) an anderer Stelle sagt – dass Gedächtnis über seine Leistungen der »Verschmelzung von Eindrücken«, der »Assoziation«, der »Reproduktion« und der »Erinnerung« zu begreifen ist. Gedächtnisleistungen bestehen damit in Verknüpfungen von Vorstellungen, in der Herstellung von Ordnung und Zusammenhang zwischen Verschiedenem oder in der Sprache Diltheys im Aufbau eines »erworbenen Zusammenhangs des Seelenlebens« (ebd., 342). Von daher hat unterrichtliche Gedächtnisförderung nach Dilthey dem Prinzip zu folgen, Aneignungsmöglichkeiten von Vorstellungen und deren Verbindungen so anzubieten, »dass ein Zusammenhang des Seelenlebens erarbeitet werde, welcher die Wirklichkeit repräsentiert, von dem aus sie erklärt, künstlerisch gestaltet, religiös, sittlich behandelt werden kann und von dem aus das Individuum die Einwirkungen auf dasselbe zu üben vermag« (GS IX, 212). Dilthey wendet sich damit gegen Gedächtnisübung durch Auswendiglernen rein um der Übung des Gedächtnisses willen und spricht sich für eine Wissensaneignung aus, die für andere

kognitive Tätigkeiten wichtig ist. Dafür wiederum benennt er hilfreiche Regeln der Gedächtnisförderung wie etwa die, dass »mäßiges Leben, Vermeiden der Affekte« (ebd., 213) für ein gutes Gedächtnis wichtig ist, weil Gedächtnis eine physiologische Leistung der Großhirnrinde ist, ebenso wie »Wiederholungen« oder »Ordnungsliebe« und »Kontinuität und Energie des Interesses« an Lehrgegenständen.

5. Unterrichtliche Förderung von Denkentwicklung hat letztlich als Befähigungsvermittlung zu logischen Operationen oder als Verstandesbildung in den Formen des Identisch-Setzens, Unterscheidens, Vergleichens, Zerlegens, Verbindens usw. – wie Dilthey (ebd., 215) sagt – in die »wahren Operationen des modernen wissenschaftlichen Geistes« einzuführen. Als zeitgenössisch-moderne wissenschaftliche Denkoperationen sieht er die Beherrschung formal-logischer Relationierungen von Allgemeinem und Besonderem in seiner Verbindung zu empirisch-induktiver Erfahrung sowie historisch-genetische Analysis. Dies führt ihn zu dem Förderungsprinzip:

> *»Das Denken des Schülers soll überall an den Erfahrungen reelle und dauerhaft wertvolle Operationen vornehmen, indem es vermittels des Verhältnisses zwischen dem Einzelnen und dem Allgemeinen allgemein gültige Kausalbeziehungen erfasst und indem es vermittels des Vergleichens, Messens und Zählens, vermittels der Grundverhältnisse der Zahlenordnung und der räumlichen Ordnung diese Kausalbeziehungen quantitativ bestimmt. … Zugleich soll auch der Zusammenhang der geschichtlichen Wirklichkeit aus der Analyse der griechisch-römischen Sprache, Literatur und Politik gewonnen werden.«*

Dilthey wendet sich mit diesem Förderungsprinzip gegen bloße Formalbildung durch Ausbildung der Beherrschung von wissenschaftlichen Operationen, insofern er mit der Betonung des Gewinns von »Erfahrung« darauf verweist, dass der methodisch-operative Umgang mit Welt nicht in sich wertvoll ist, sondern es erst dann wird, wenn damit Erkenntnisgewinn von Welt verbunden ist.

Mit der Akzentuierung von Relationen zwischen Einzelnem und Allgemeinem verweist er darauf, dass die Herstellung der Zusammenhänge von Welt, nicht die Herstellung von Partialität und Unverbundenheit das Ziel von Denktätigkeit sein kann. Im Zusammenhang seines Plädoyers für Förderung historisch-genetischen Denkens über Aneignung griechisch-römischer Kultur ist ihm wichtig, dass die Beschäftigung mit dieser Welt eine Erfahrungsmöglichkeit bietet, die »noch dem Boden nahe, einfach, elementar« (ebd., 216) ist. Elementare Sozial- ebenso wie Natur-Welten müssen nach Dilthey generell Stoffe für die Förderung von Verstandesbildung sein, bieten sie doch – aufsteigend vom spielenden, sinnlich-anschaulichen und gedächtnismäßigen hin zu logisch-operativem Umgang mit Welt – die Möglichkeit, den »Kreis von Erfahrungen (des Kindes und Schülers, R.U.) … sich abrunden« (ebd., 217) zu lassen.

Die Hervorhebung solcher Prinzipien und Regeln zur unterrichtlichen Förderung der Seelenkraft »Denken« beruht ebenso wie die Betonung von Gesetzen zur Förderung von Triebregungen, Gefühlskreisen und Wollen letztlich auf Diltheys Konzept der »Teleologie des Seelenlebens« mit seiner Betonung von Entwicklung als Synthesis, als Vervollkommnung eines Zusammenhangs des Seelenlebens durch Anpassung an Zweckzusammenhänge. Elementare Einheitlichkeit der Systemelemente zu suchen und als »Sprungfedern« von Entwicklung zu nutzen ist das Anliegen von Diltheys pädagogischem Denken.

Für kognitive Entwicklungsförderung wird dies an der Aufgabenbestimmung von Unterricht sichtbar, die für Dilthey darin besteht, Synthesis-Leistungen des Denkens zu ermöglichen, Zusammenhänge zwischen Kognitionsformen und kognitiver Welterkenntnis zu erstellen. Heute würde man diese Aufgabe von Unterricht als Betonung interdisziplinärer und praxisbezogener Wissensvermittlung bezeichnen. Dilthey (ebd.) beschreibt dies mit den Worten:

> *»Der Zusammenhang mit dem Lebendigen, dem Ganzen, muss im Verlauf des Unterrichts beständig unterhalten bleiben. Wäh-*

> *rend der kindliche Geist abstrakte Elemente aufbaut, muss die Lösung von Aufgaben den Übergang zum lebendigen Können wirksam erhalten. Das induktive Verhältnis zur Wirklichkeit muss deren Totalität im Bewusstsein erhalten. Mathematik muss die Beziehung zur Natur stets erneuern. Geschichte muss ihr Gerüst durch die Beziehung zur gegenwärtigen Gesellschaft beständig beleben. Sprachunterricht muss die Beziehungen zur lebendigen Rede, dem wirklichen Satz bewusst halten und im Sprechen und Schreiben erneuern.«*

Dies Grundanliegen führt Dilthey dazu, Herbarts Bestimmung des Verlaufs von Unterricht als Aufeinanderfolge von Stufen der Klarheit im Anschauen, der Assoziation, der Übersichtlichkeit, des Systems und der Methode sowie dessen Reihenfolge von darstellendem, analytischem und synthetischem Unterrichten als »mechanisch« und »starr« (ebd., 218) zu kritisieren und Unterrichten als eine Tätigkeit zu verstehen, die das Ineinanderübergehen von anschaulicher, verstandesmäßiger und anwendender Aneignung von Welt durch Schüler ermöglicht.

Dieses Grundanliegen führt Dilthey auch dazu, die Frage der didaktischen Auswahl von Fächern und Unterrichtsstoffen an das Ineinandergreifen von Erfahrung zum Zweck der Erkenntnis von Welt zu binden. Erkenntnisinteressen entstehen für ihn durch den Verlauf von früher Kindheit zu Erwachsensein ebenso wie durch den Verlauf von kindlichen Kulturen zu modernen. Beide Verläufe zeigen ihm, dass die Erfahrung von äußerer Natur und von inneren seelisch-sozialen Zuständen des Menschen ein anthropologisches Anliegen ist, sodass ein Lehrplan allgemeiner Menschenbildung diese beiden Erfahrungs- oder Wissensformen, in die das Unterrichten von Sprachen, Kunst und anderem eingeordnet werden kann, umfassen muss. »Die Bildung der ganzen Menschennatur« – so sagt Dilthey (ebd., 219) – »erfordert eine ausreichende Entwicklung beider Interessen, beider Wissensgruppen«. Damit wird synthetisches Vereinheitlichungsprinzip von Lehrplänen für Dilthey »die Natur der geistigen Vorgänge«, d.h. die Teleologie des Seelenlebens als Einheit von Trieb-, Gefühls-, Wollens- und intellektuellem Leben mit zwei Lebensaufgaben: Erkenntnis und Behandlung von Natur und von geschichtlich-sozial-seelischen Zuständen. Damit wendet er sich gegen Gesichtspunkte von Lehrplankonzeptionen, wie sie seinerzeit von Bain und Spencer aufgestellt und weltweit diskutiert wurden, nämlich Lehrplanentscheidungen über Fächer und Unterrichtsinhalte an Überlegungen zu Nützlichkeit und Bedürfnissen für Einzelmenschen und für Gesellschaft zu binden. Der von Dilthey aufgestellte Zweckzusammenhang »Erkenntnis von Welt« als »fester« Richtpunkt kognitiven Seelenlebens führt logisch konsequent dazu, »das Interesse für Natur und geschichtliche Welt« (ebd., 219) als generelles Kriterium für Lehrpläne zu verstehen, nicht Utilität. Wie dies im Einzelnen auszuformulieren ist, ist nach Dilthey nur aus der systemischen Relationierung zwischen »der allgemeinen Bildung, dem Berufsleben und den Unterrichtsobjekten innerhalb eines gegebenen geschichtlichen Horizontes« (ebd.) abzuleiten, nicht aus dem Kriterium selbst. Dieses soll als Kriterium für Lehrplanentscheidungen bezogen auf höhere allgemeine Bildung nur sicherstellen, dass jedes Spezialstudium aufgenommen werden kann, »Einheit der höheren nationalen Bildung bewahrt bleibt, den Berufsarten der Naturbeherrschung Humanität und Verständnis des Geschichtlichen erhalten wird, denen der geistigen und politischen Leitung ein gesundes Verhältnis zur Natur« (ebd.).

Diltheys Verständnis von Erziehung in seiner Systematischen Pädagogik

Die Aufgabe einer Systematischen Pädagogik liegt nach Dilthey – wie gesehen – zunächst darin, grundlagentheoretisch die Möglichkeit von Pädagogik als einem Förderprogramm für Menschen nachzuweisen. Dies verlangt einerseits den Nachweis von Bildsamkeit als Angelegtsein menschlichen Lebens auf Höherentwicklung und andererseits den Nachweis von Gesichtspunkten zur Auswahl von Förderungswertem an Entwicklung. Dilthey beantwortet diese Grundfragen pädagogischen Denkens über sein Konzept der »Teleologie des Seelenlebens«. Dieses Konzept führt ihn zum einen dazu, Höherentwicklung nicht als metaphysische Hoffnung auf einen besseren Zustand von Mensch und Kultur auffassen zu müssen, sondern Entwicklung als systemische Wechselwirkung innerhalb eines komplexen menschlichen Seelenlebens und mit kulturellen Systemen mit ethisch-moralischen und wissenschaftlich-kulturellen Ansprüchen begreifen zu können. Indem Dilthey das Ineinandergreifen von Systemelementen als Zweckzusammenhang und damit als Vollkommenheitsmuster gelingender Wechselwirkung auffasst, ist für ihn Pädagogik auch als eine praktische Wissenschaft möglich. Als solche vermag sie Gesichtspunkte in der Form von Grundsätzen, Prinzipien, Normen und Regeln für handelndes Eingreifen in pädagogische Welt zu liefern. Diese Kriterien verdanken sich seiner Ansicht nach weder eklektizistischen Anleihen an bestimmte ethische Philosophien noch popularistischen Wunschträumen nach einem neuen guten Menschen und guter Kultur, sondern systemisch notwendigen Koinzidenzien von Ich-Umwelt-Relationen, wie Erfahrungswissenschaften sie explizieren können.

Diesen Nachweis führt Dilthey durch das, was in Teilen der Dilthey-Forschung m.E. zu Recht als »synergistisches Analyse-Programm« von Wissensbeständen beschrieben wird. Dilthey greift auf verschiedenste Wissenschaftsbereiche wie Psychologie, Bioanthropologie, Philosophie, pädagogische Lehren usw. zurück, um dem Anspruch an Systematische Pädagogik gerecht zu werden, der Disziplin »Pädagogik« ein »festes« Fundament zu geben. Zur Aufgabe einer Systematischen Pädagogik gehört aber auch zu bestimmen, was das Aufgabenfeld disziplinären Denkens der Pädagogik selbst ist, deren Möglichkeit, erzieherisch auf Mensch und Kultur einzuwirken, Dilthey zwar interdisziplinär nachzuweisen vermag, deren Eigenständigkeit des Beitrags zur Erkenntnis von Welt aber offen bleibt. Dilthey (1971, 116) kritisiert ja, dass bisherige und zeitgenössische Pädagogik höchstens »in eingeschränktem Sinn als Wissenschaft zu bezeichnen ist«.

Diese Frage des disziplinären Selbstverständnisses von Pädagogik beantwortet Dilthey in seinem Aufsatz »Über die Möglichkeit einer allgemeingültigen pädagogischen Wissenschaft« (vgl. GS VI, 71ff.) dahingehend, dass er Forschungsfelder für Pädagogik als einer historischen und systematischen Disziplin benennt. Pädagogik hat als historisch-forschende Reflexion demgemäß die Geschichte von Erziehung, Unterricht, Schulen und Bildungssystemen ebenso zu untersuchen wie die Beziehungen solcher Tätigkeiten und Einrichtungen zu Organisationen, Institutionen und weiteren Elementen von Gesellschaft wie den politischen, rechtlichen, religiösen u.a. Subsystemen. Das systematische Interesse der Disziplin hat sich für Dilthey auf dem Hintergrund der bisher vorgestellten Beantwortung der Grundfragen nach der Möglichkeit von Bildsamkeit und nach deren Förderungskriterien auf die Beschreibung sowie Analyse des »schaffende(n) Vermögen(s) des Erziehers und das Verhältnis dieses Vermögens zu den Anlagen des Zöglings« (ebd., 73) zu richten. Im Vorlesungsteil über »Grundlinien eines Systems der Pädagogik« (GS IX, 190) beschreibt Dilthey diese Aufgabe nur lapidar mit den Sätzen:

> *»Die Wissenschaft der Pädagogik, deren Möglichkeit von mir aufgezeigt ist, kann nur beginnen mit der Deskription des Erziehers in seinem Verhältnis zum Zögling. Denn zunächst gilt es, das Phänomen selber hinzustellen und in einer psychologischen Analyse so deutlich als möglich zu machen. Indem dann die einzelnen Vorgänge, aus denen der Erziehungsvorgang sich zusammensetzt, in ihrer Vollkommenheit beschrieben werden, können daraus Formeln, welche die Vollkommenheit des Vorgangs vorschreiben, oder Regeln des Vorgangs abgeleitet werden.«*

Im Unterschied zur historischen Forschungsaufgabe von Pädagogik, Erziehung als Teil der Systemelemente von sich wandelnder Gesellschaft zu begreifen, besteht – wie bisher gezeigt – die systematische darin, neben dem Aufweis ihrer eigenen Möglichkeit den Blick auf Erziehung selbst als einer Handlungsform von professionellen Erziehern und Lehrern noch einmal zu fokussieren, für die Prinzipien und Regeln letztlich bedeutsam werden sollen. Dahinter scheint Diltheys Grundüberzeugung zu stehen, dass das eigentliche pädagogische Geschäft nicht in der Formulierung administrativer oder juristischer Bestimmungen von Erziehungssystemen, Konzeptualisierung pädagogischer Überzeugungen oder architektonischer, designerischer Gestaltung von Schulen und ihren Räumen liegt, sondern in der Arbeit vor Ort, in der direkten Begegnung von Mensch zu Mensch. Zwei Zitate scheinen dies zu bestätigen, wenn Dilthey sagt:

> *»Wirkliche Reformen werden nur durch eine stetige schwere pädagogische Arbeit in den Schulstuben vollbracht. Reglements können nur die Wege zu ihr ebnen.«* (GS VI, 85), bzw.:
> *»In … der Persönlichkeit (des Lehrers, R.U.) selbst muss das Interesse an allem Wissenswürdigen, die Lust am Auffassen und Schließen, die tiefe Bewegung des vom Zusammenhang der Dinge ergriffenen Gemütes wie verkörpert sein. Er muss wie phosphoreszieren von logischer Kraft.«* (GS IX, 210f.)

Diltheys Forderung, dass Systematische Pädagogik als Wissenschaft mit der »Deskription des Erziehers in seinem Verhältnis zum Zögling« bzw. mit dem »schaffenden Vermögen« des Erziehers im »Verhältnis … zu den Anlagen des Zöglings« zu beginnen habe, legt es deshalb nahe zu meinen, dass er Erziehung vor allem als eine Tätigkeit auffasst, die sich durch die Besonderheit einer direkten Beziehung zwischen Erziehenden und Zu-Erziehenden auszeichnet. Spätere Kritiker haben dies als Konzept eines »erzieherischen« bzw. »pädagogischen Verhältnisses« aufgefasst und das Konzept dahingehend kritisiert, dass es »personalistisch« sei und die Einbindung des Erziehungsgeschäfts in ökonomische, soziale, juristische usw. Verhältnisse ebenso unterschlage wie »funktionale« Erziehung etwa durch Gestaltung von Situationen, durch Auswahl von Dingen und Ereignissen. Wenn man sieht, dass Dilthey die Möglichkeit von pädagogischen Förderprogrammen systemisch an Ich-Umwelt-Relationen von sich entwickelndem Seelenleben und von Gesellschaft festmacht, wird Diltheys personalistisches Verständnis von Erziehung nicht nur kritisierbar, sondern zudem noch unlogisch. Wenn er historisch-forschender Pädagogik den Aufweis der Beziehungen jeweiliger Erziehungssysteme zu den anderen Subsystemen von Gesellschaft als Aufgabe zuweist, dann stimmt sein Erziehungsverständnis als das Eingehen eines Verhältnisses bestimmter Menschen außerdem mit dem geforderten historischen Forschungsdesign nicht überein, Erziehung als eine »Funktion der Gesellschaft« zu betrachten.

Diese Kritiken sind widerlegbar und die Widersprüche auflösbar. Wenn Dilthey Erziehung auf die Handlung eines Erziehers fokussiert, der in bestimmten »Verhältnissen«, Beziehungen zu Kindern, Jugendlichen, Schülern, »Zöglingen« steht, dann deswegen, weil er davon ausgeht, dass in der Mikrostruktur des Erziehungsfeldes, in der Beziehung eines bestimmten Menschen zu einem bestimmten Gegenüber eine Grundstruktur vorhanden ist, die in allen Erziehungs-Umwelt-Relationen auftritt. Nicht zufällig beschreibt Dilthey das Erzieher-Zögling-Verhältnis als »verwandt« mit dem des »Staatsmanns und der Gesellschaft, auf die er wirkt, dem des Künstlers und des Publikums, das ihn genießt« (ebd.).

Dilthey wählt diesen Vergleich der besonderen Beziehungsstruktur des professionellen Erziehers zu seiner Klientel mit der des Staatsmannes und der des Künstlers, an anderer Stelle mit der des Theologen und des Philosophen zu einer Leserschaft (vgl. GS IX, 203), nicht mit der des Arztes, Therapeuten, des Ingenieurs oder Richters bewusst. Denn er fasst das Verhältnis des Erziehers zu seiner Klientel generell, also auch das der Eltern zu ihrem Kind, als ein Abhängigkeits- und Machtverhältnis, in dem der Staatsmann gegenüber Mitgliedern des Staates steht, das aber anders in der freiwilligen Arzt/Therapeut-Patienten- oder in anderen Beziehungen gegeben ist. Darüber hinaus begreift er das Verhältnis als eines, das bei künstlerischem, nicht bei technischem oder exekutivem Schaffen zu Tage tritt, sodass »Verwandtschaft« zu politischem und ästhetischem Tun gegeben ist. Das heißt, Erziehung ist für Dilthey generell nur innerhalb von Abhängigkeitsbeziehungen und als »Schaffen« im Sinne eines künstlerischen Tuns denkbar. Dies macht die Mitschrift seiner Pädagogik-Vorlesungen sichtbar (Dilthey 1971, 112ff.), deren Überschriften die Bezeichnungen haben: »Pädagogik abhängig von Psychologie«, »von Ethik«, »von Politik« und »Erziehung als eine Kunst in der Gesellschaft«. Unter solchen Titeln wird von Dilthey Erziehen als eine »beständige Anwendung der Seelenkenntnis«, als »Gestaltung des Seelenlebens nach einem vorschwebenden Muster«, also als zeitgeistabhängig, als »beständige Funktion der menschlichen Gesellschaft« auf eigene Reproduktion, als »Anpassung an die fortschreitende Arbeitsteilung« sowie als »Erfindung« und »Kunst« beschrieben. Insofern kann nach Dilthey auch aus der Mikrostruktur der wechselseitigen Abhängigkeitsbeziehung eines Erziehers zu einem Zögling sowie aus dem Schaffen eines Erziehers die Grundfiguration von Erziehung entwickelt werden. Der Vorwurf, er begrenze Erziehung auf ein Geschehen von Person zu Person, ist dann unberechtigt. Denn es geht Dilthey nur darum, aus einer »elementaren« Situation die genannte Grundfiguration zu gewinnen, nicht nachzuweisen, Erziehung sei immer und nur als personales Geschehen anzusehen.

Diese Figuration muss allerdings die bereits von Dilthey aufgezeigten Möglichkeiten pädagogischer Förderung enthalten, weil diese Möglichkeiten das pädagogische Geschäft begrenzen und ihm die Richtung weisen. Was außerhalb pädagogischer Einwirkungsmöglichkeiten ist, ist alles Mögliche, aber nicht Erziehung. Was die Struktur der Teleologie des Seelenlebens und der Evolution von Gesellschaft nicht berücksichtigt, entspricht nicht dem diltheyschen Verständnis von Erziehung. Dies wird schon durch Diltheys Vergleich des Erziehers mit dem Politiker und Künstler sichtbar. Er differenziert nämlich die Verwandtschaftsweise von Erziehern zu Staatsmännern und Künstlern. Im Unterschied zum Tun des Politikers unterliegt das Handeln des Pädagogen seiner Ansicht nach dem »Gesetz« der »sich entfaltenden Seele« (GS VI, 73) des Kindes und Schülers, nicht wie das Handeln des Politikers den Gesetzen der Verfassung eines Staates. Im Unterschied zum Künstler, der kein Publikum braucht, um kreativ etwas zu schaffen, braucht der Pädagoge genau ein solches für sein Tun. Erzieherische Tätigkeit ist damit kreativ und gleichzeitig von den Strukturen des Seelenlebens eines Gegenüber abhängig. Dilthey bestimmt folglich das, was bislang unspezifisch als »Förderprogramm« bezeichnet wurde, als Konzept einer spezifischen Erziehungstätigkeit. Indem er Gemeinsamkeiten und Differenzen mannigfaltiger Abhängigkeiten dieser Tätigkeit mit seinem Aufweis der Möglichkeit von Erziehung schon innerhalb einer elementaren Beziehungskonstellation miteinander verbindet, sucht er insgesamt ein generelles Verständnis von Erziehung zu konzipieren, nicht Erziehung auf Face-to-Face-Beziehungen zu verengen. Erziehen lässt sich immer als »Verhältnis« und als künstlerisches, »geniales« Tun begreifen.

Erziehung als Tätigkeit innerhalb eines Verhältnisses von Erzieher und Zögling

Dilthey formuliert in seinem Vorlesungskonzept über Systematische Pädagogik sein Verständnis von Erziehung in der Form einer stipulativen, d.h. setzenden Begriffsdefinition, wenn es heißt:

> *»Unter Erziehung verstehen wir die planmäßige Tätigkeit, durch welche Erwachsene das Seelenleben von Heranwachsenden zu bilden suchen.«* (GS IX, 190)

Als »planmäßig«, nicht gewohnheitsgemäß oder zufällig fasst Dilthey Erziehung auf, weil er in seinem Konzept der Teleologie des Seelenlebens die Möglichkeit von Erzichung an evolutiven Wandel von Gesellschaft gebunden hat. Diese ist in ihrem eigenen Selbsterhalt durch die anthropologischen Konstanten von Geburt und Tod – wie bereits gesagt – bedroht und genötigt, Neuzugänge zu »assimilieren«. Dies geschieht nach Dilthey zunächst durch unabsichtliches, nicht auf Planungen basierendes Zusammenleben in Familien und sozialen Verbänden. Hier werden die Neuankömmlinge – so würden wir heute sagen – »sozialisiert«. Die durch Ausdifferenzierung und Integration von Teilsystemen des sozialen Ganzen entstehende zunehmende Komplexität zwingt Gesellschaft, diese Sozialisation rational zu planen. Dies zeigt sich im historischen Prozess sowohl dadurch, dass Erziehung zunehmend in die Hände von »Trägern« (z.B. Kirche, Staat) übergegangen ist und noch geht, sowie dadurch, dass sie reflexiv bestimmten Gestaltungsprozessen unterworfen wurde und wird. Diltheys Herausarbeitung der Bedingungen von Entwicklung des Seelenlebens und von Kriterien zur Optimierung von Entwicklungsförderung wären unsinnig, unterläge nicht Gesellschaft diesem Zwang zur Planung von Erziehung.

Diltheys Konzept der Förderung von Seelenleben begründet gleichzeitig, warum er Erziehung als eine Tätigkeit von »Erwachsenen« gegenüber »Heranwachsenden« auffasst. Der Gesellschaft muss es zentral um die Neuankömmlinge gehen, denen die Teilsysteme von Gesellschaft wie Kunst, Religion, Wissenschaft, Technik fremd sind. Deren Aufgaben müssen aber um des Systemerhalts willen zumindest fortgeführt, besser noch: gesteigert werden. Die einen sind in den Systemen bereits aufgewachsen, die andern müssen noch hineinwachsen.

Obwohl Dilthey sieht, dass sein Erziehungsverständnis insofern problematisch ist, als er es auf ein Gefälle der Differenz von Lebensalter, Reife und Entwicklung konzentriert, nimmt er dies in sein Erziehungsverständnis auf. Er weiß, dass auch Erwachsene andere Erwachsene »erziehen«, wenn diese etwa in der Form hierarchischer Beziehungen aufeinander treffen, wenn z.B. Dienstvorgesetzte mit Mitarbeitern zu tun haben. Einem Vorgesetzten obliegt dann beispielsweise die Aufgabe von Personalentwicklung, wie sie für jeweilige Betriebszwecke erforderlich ist. Dilthey nennt die Verwendung des Ausdrucks »Erziehung« für solche Erwachsenen-Erwachsenen-Relation eine Verwendung »in erweitertem Sinne« (ebd.), weil solche Personalentwicklung »als Nebenerfolg Erziehung in sich aufnimmt« (ebd., 191), d.h., nicht »zu bilden« das Ziel ist, sondern der Betriebszweck.

Sind gemäß Diltheys Erziehungsverständnis heutige Ausdrücke wie »betriebliche Weiterbildung« oder »Umwelterziehung« noch mögliche »Erweiterungen« dieses Verständnisses, so gilt dies nicht für heutige Formulierungen wie: »Die Medien erziehen.« Er selbst spricht von historischen Formulierungen wie »Erde als … ›Erziehungshaus der Menschheit‹« oder »Offenbarung als … Erziehung des Menschengeschlechtes«. Dies sind für Dilthey metaphorische Verwendungen des Ausdrucks »Erziehung«, weil nur von Wirkungen, die etwas hat, die Rede ist, nicht von einem Plan, etwas bewirken zu wollen.

Weil Pädagogik als wissenschaftliche Disziplin auf ein abgegrenztes Forschungsfeld rekurrieren können muss, besteht die Nötigung, von solchem metaphorischen Gebrauch des Begriffs Abstand zu nehmen.

Dies bedeutet für Dilthey allerdings nicht, dass nur Einrichtungen, in denen Erwachsene Heranwachsenden gegenüberstehen, Erziehungseinrichtungen darstellen können und sollen. Sie stellen nur gesonderte Teilsysteme innerhalb eines Gesamtsystems dar, das selbst einer – wie Dilthey sagt – »Pädagogie«, also einer selbstreflexiven und auf sie einwirkenden Tätigkeit durch philosophisches Denken unterliegt. Denn Erziehung heißt ja für ihn, »das Seelenleben … zu bilden suchen«. Sein Konzept der Teleologie des Seelenlebens unterstellt, dass Entwicklung und Evolution eine Selbststeigerung von Individuum und Gesellschaft zu einem Zweckzusammenhang über Wechselwirkungsprozesse von Seelen- und kulturellem Leben zur Folge haben. Darüber hinaus geht er davon aus, dass über ein zunehmendes Ineinandergreifen von Lebens- und Kulturidealen Höherentwicklung oder Vervollkommnung menschlich-sozialen Lebens möglich ist. Genau dies ist Grundlage des diltheyschen Verständnisses von »Bilden« oder »Bildung« als der Aufgabe von Erziehung, wenn es bei ihm heißt:

> *»Bilden ist jede Tätigkeit, welche die Vollkommenheit der Vorgänge in einer Seele bewirkt. Bildung jede Art von Vollkommenheit einer solchen Seele. Sonach wird sie hier als Selbstzweck betrachtet. Dass wir uns selbst so ansehen müssen und entsprechend auch die anderen Menschen, das ergibt sich aus dem teleologischen Charakter des Seelenlebens, nach welchem in diesem allein in seinem Zentrum eine innere Befriedigung aller strebenden Kräfte erreicht wird.«* (Ebd.)

Die Tätigkeit des Erziehens ist mithin dann nach Dilthey gegeben, wenn dieses Tun als eine Suchbewegung, als ein Bemühen zu »bilden« verstanden wird. Auf dem Hintergrund seines Konzepts der Teleologie des Seelenlebens bedeutet dies, dass das Ineinandergreifen von einzelnen Seelenzuständen untereinander und mit kulturellen Zweckzusammenhängen zu fördern ist. Diese Zusammenhänge wiederum werden von »besonders veranlagten Individuen« aus Kunst, Philosophie und Wissenschaft in der Form von Kulturidealen einer Zeit formuliert, können für viele bedeutsam und über Institutionen und Recht als »moralische Motoren« wirksam werden. Deshalb kann Dilthey sagen, dass Erziehung nicht auf eine Erwachsenen-Heranwachsenden-Relation und auf Erziehungseinrichtungen wie Schulen und Jugendeinrichtungen zu begrenzen ist.

> *»Es ist hinzuzufügen, dass auch andere Einrichtungen der Gesellschaft die Tendenz haben, noch Unerwachsene wie Erwachsene zur Bildung zu leiten. Ja in gewissem Sinne ist Bildung, das Wort im höchsten Verstande genommen, die Funktion aller Institutionen der menschlichen Gesellschaft, da sie alle schließlich, Indivi-*

> *duen ihre höchste Gestaltung zu geben, mitwirken. Sonach in diesem Sinne ist Pädagogie das höchste praktische Ziel, zu welchem uns das philosophische Nachdenken Schlüssel geben kann.«* (Ebd.)

Dennoch schränkt Dilthey Erziehung auf ein Verhältnis zwischen einem Erwachsenen zu einem mit ihm in Erziehungsbeziehung stehenden Heranwachsenden, dem »Zögling«, ein. Denn nur »in diesem Sinne ist Pädagogik als Wissenschaft eines abgegrenzten Systems« (ebd.) für ihn möglich. Auf Erziehung als eine Tätigkeit zu rekurrieren, über die Menschen und Kulturen generell höher zu entwickeln sind, übersteigt die Möglichkeit disziplinären pädagogischen Denkens. Darüber hinaus gibt es aber auch theorieimmanente Gründe, die Dilthey veranlassen, Erziehung als eine Erwachsenen-Heranwachsenden-Beziehung aufzufassen. Sie hängen mit der Gestalt des Erziehungsverhältnisses zusammen, in die Erziehen als Tätigkeit eingelassen ist.

Erziehung als »Gestalt« eines Herrschaftsverhältnisses

Dilthey begreift – wie gesagt – Erziehung als eine Tätigkeit, die »zu bilden sucht«. Bildung ist damit als Ziel notwendiger Bestandteil von Erziehung. Im Zusammenhang mit seinem Konzept der Teleologie des Seelenlebens ergeben sich aus dieser einfachen Verbindung von Erziehung und Bildung für Dilthey weitere Bestandteile des Erziehungsverständnisses. Erziehung ist – um es vorweg zu sagen – grundsätzlich nur als »paternalistische« Beziehung, als bestimmtes Herrschaftsverhältnis zu denken.

Bildung wird ja von Dilthey einerseits emphatisch an eine »Art von Vollkommenheit« gebunden, die als Ineinandergreifen von Lebens- und Kulturidealen zu begreifen ist. Andererseits beginnt Bilden bereits mit der Evozierung und Ausdifferenzierung von Seelenzuständen bei Lebewesen in der Wechselwirkung mit Umwelt hin zu festen Zweckzusammenhängen, wobei im Falle menschlichen Lebens die Umwelt auch den Seelenzuständen angepasst wird. Zu bilden heißt deshalb, bezogen auf Mensch und Gesellschaft, für

Dilthey auch, die erworbenen Zweckzusammenhänge dadurch zu sichern, dass über Erziehungstätigkeit deren Erhalt garantiert wird. Die »stets neuen Individuen als Elemente der Gesellschaft« müssen – sagt Dilthey – »die Personen der gegenwärtigen Generation ersetzen können. Nur so wird dem Wechsel der Individuen zum Trotz der Ertrag der Arbeit in der Gesellschaft erhalten und übertragen.« (Ebd., 192) Sicherung von »Erträgen« nicht nur materieller, sondern auch immaterieller Güter bedeutet, dass die »neuen Individuen« in die Seelenzustände und Systeme zu initiieren sind, durch die diese Güter produziert werden: in die wissenschaftlichen des Wahrnehmens und Denkens, die religiösen und künstlerischen des Begehrens und Fühlens und die sozialen und technischen Systeme der Behandlung von Außenwelt. Deshalb ist Erziehen als eine »Funktion«, ja ein »Bedürfnis« der Gesellschaft auf Bilden als Tätigkeit der Anpassung von Seelenzuständen und Gesellschaftssystemen hin angelegt.

Gestützt wird diese Funktion, dieses Bedürfnis von Gesellschaft nach Dilthey durch die soziale Gestalt des Erziehungsverhältnisses in der Form eines paternalistischen »Herrschaftsverhältnisses«, das wiederum die Ausformulierung eines natürlichen »nicht weiter auflösbaren elementaren Verhältnisses« (ebd., 193) darstellt. Gemeint ist damit, dass das ursprüngliche Erziehungsverhältnis von Erwachsenen zu Heranwachsenden für ihn das familiale in der Form von »Blutsgemeinschaft« mit dem Moment »väterlicher Gewalt« ist. Dilthey sieht diese Gemeinschafts- und Herrschaftsform als eine, die in historischer Entwicklung rechtliche und ethische Verbindlichkeit erfährt. Auch wenn es für ihn geschichtliche Ausnahmen gibt wie die, dass in Sparta Erziehung nicht an familiale Strukturen gebunden war oder dass bei nicht familial zusammenlebenden bzw. mutterrechtlich orientierten »Naturvölkern« Erziehung ohne Familienbeteiligung geregelt wurde, zeigt ihm die Betrachtung der »Kultur der alten Völker« und europäischer Rechtsordnungen die fundamentale Bedeutung von Familie und väterlicher Gewalt in der Beziehung von Eltern zu Kindern. »Beinahe überall ist die Familie der eigentliche Sitz der Erziehung« (ebd., 195), heißt es bei ihm. Dabei gilt ihm die griechische und römische

Vorstellung dieser Beziehung, die »dem Vater über die Kinder eine fast unbeschränkte Herrschaft, … (die, R.U.) nur natürliche Liebe und Sitte mäßigte« (ebd., 195), gab, gemeinsam mit dem durch das Christentum entstehenden »Bewusstsein vom unbedingten Werte der Person« (ebd.) für die europäische Entwicklung von Erziehungsherrschaft als grundlegend. Denn dadurch ist eine ethische und rechtliche Ordnung entstanden, in der die Herrschaft des Vaters im Unterschied zu anderen Herrschaftsformen nicht ausgeübt werden darf, um irgendwelche Zwecke zu erreichen, sondern nur den Zweck verfolgen darf, »Fürsorge« und »Schutz« für Heranwachsende zu bieten. Die Ausübung väterlicher Herrschaft ist damit für Dilthey begrenzt. Es ist ihr nicht erlaubt, »das Kind als Mittel zu behandeln, sondern … (sie muss, R.U.) auch in ihm den Selbstzweck achten« (ebd., 194). Herrschaftstum als Vatertum zu begreifen heißt prinzipiell, aus der Sicht des Herrschenden das Gegenüber als Objekt eines Förderwillens zu begreifen. Es ist eine Beziehung, in der das herrschaftliche Handeln zum Wohle des Anderen geschieht, weil der Andere sich noch im Stadium der Entwicklung befindet, wie der Kultursoziologe Tönnies sagt (vgl. Uhle 1995, 30).

Gesellschaftliche Entwicklung hat dieses elementare paternalistische Herrschaftsverhältnis von Erziehung mit seinen Elementen von Fürsorge, Schutz und Respekt der Person nach Dilthey ausdifferenziert. Neben Familie bzw. diese fürsorglich ergänzend haben »gesellschaftliche Korporationen, Gemeinde, Staat und Kirche« die ursprünglich familiale paternalistische Aufgabe untereinander aufgeteilt, wurden Erziehungs- als Spezialtätigkeiten in unterschiedliche Organisationsformen verlagert, wie sich dies etwa als Vielfalt von Beschulungsformen zeigt. Dies bedeutet für Dilthey aber nicht, dass das Grundprinzip paternalistischen Herrschaftsverhältnisses in der Erziehung sich geändert hat, sondern nur, dass dieses Verhältnis erweitert wurde und in einer Vielfalt von erzieherischen Organisationen und Institutionen zum Ausdruck kommt. Nicht ein einzelner Vater, sondern verschiedene Väter repräsentieren sozusagen das elementare Erziehungs- als Herrschaftsverhältnis, wenn Dilthey (ebd., 196) sagt:

»Die Familie repräsentiert vor allem das Element des persönlichen Glückes. Die Gemeinden repräsentieren die Brauchbarkeit in der ökonomischen Welt, der Staat die Fähigkeit, für das Ganze nach allen Seiten leistungsfähig zu sein, dabei dem Gesetz sich unterzuordnen und es maßvoll fortzubilden. Die Kirche arbeitet an dem höchsten Ziel der Person, in welchem sie gleichsam einsam sich der Gottheit gegenüber findet. So bemerkt man, wie gerade in dem ***Gleichgewicht dieser Herrschaftskräfte****, welche die moderne Gesellschaft ausmachen, die Allseitigkeit der Erziehung gesichert ist. Sie wird in Einseitigkeit erstarren, wenn jemals einer dieser Faktoren, eine dieser herrschenden Kräfte sich der Kinderseele ausschließlich bemächtigte.«*

Mit diesem Rekurs auf Erziehung als einer Tätigkeit, die sich in »Herrschaftsverhältnissen« vollzieht, die durch »Gleichgewichtigkeit« austariert werden muss, kann Dilthey andere paternalistisch angelegte Begründungen für das Recht von Erwachsenen, Kinder zu erziehen, als ungenügend kritisieren, weil aus »individualistischer« Perspektive keine Erziehungsgewalt legitimierbar sei. Herbart etwa begründet Erziehungsgewalt damit, dass der Erwachsene den Willen des Kindes als den Willen eines späteren Erwachsenen vorwegnimmt und dessen spätere Zustimmung diese Vorwegnahme legitimiert. »Die meisten von uns« – sagt Dilthey dagegen – »sind aber nachträglich nicht ganz einverstanden mit der Richtung ihrer Erziehung« (ebd., 194). Diltheys paternalistische Begründung ist demgegenüber auf Grund seines Verständnisses von Erziehung als Tätigkeit des Bildens sozialtheoretisch. Zu bilden verlangt ja, dass die psychischen Kräfte des Einzelmenschen zum Ineinandergreifen mit kulturellen Zuständen bewegt werden. Die Gesellschaft der Erwachsenen ist dazu gezwungen, um die »Erträge« ihrer Kultur zu sichern, und schützt ihren Erhalt durch Herrschaft von Erwachsenen über Heranwachsende. Von politischen Herrschaftsverhältnissen unterscheidet sich das Gewaltverhältnis der Erziehung dadurch, dass es nicht auf Erwachsene bezogen ist, sondern auf Heranwachsende. Damit ist für Dilthey nicht Politikwissenschaft der Ort (wie etwa in Platons Staatstheorie), in dem über Erziehungsfragen zu reflektieren ist, sondern in einer Wissenschaft von Erziehung. Diese hat erzieherische Tätigkeit innerhalb eines grundsätzlichen Herrschaftsverhältnisses mit paternalistischen Argumentationsfiguren so reflexiv zu bearbeiten, dass dem Gleichgewicht der oben genannten Erziehungsmächte Rechnung getragen wird, dass sie sich von den Gesetzen der Entfaltung und Entwicklung des Seelenlebens im Ineinandergreifen mit Kultur-Evolution leiten lässt sowie den Respekt vor dem Selbstwert der Person als konstitutiv ansieht.

Auf diese Weise verbindet Dilthey das Objekt »Erziehung« als eine Tätigkeit des Bildens innerhalb von sozialen Machtbeziehungen mit dem disziplinären Forschungsauftrag von Pädagogik als einer eigenständigen und systematischen Disziplin. Diese hat einen besonderen, von anderen Disziplinen wie Psychologie, Soziologie, Philosophie und Politikwissenschaft abgrenzbaren Forschungsauftrag: Sie soll theoretisieren, wie

> *»den Individuen eine sie befriedigende wertvolle Entwicklung, und … den Gemeinschaften den höchsten Grad von Leistungskraft zu verschaffen«* (ebd., 198)

möglich ist. Indem sie den – wie Dilthey sagt – »Koinzidenzpunkt« beider Aufgaben sucht, beteiligt sie sich in der Form von Reflexion an der politisch-praktischen Aufgabe der Zeit und der Nation,

> *»eine nationale Erziehung zu organisieren, welche die Leistungsfähigkeit des nationalen deutschen Staates im Wettkampf der Nationen auf das höchste Maß brächte und derselben doch zugleich die höchste Dauerhaftigkeit ermöglichte«* (ebd.).

Konkurrenz als Grundlage ökonomisch-kulturellen Zusammenlebens von Individuen und Nationen ist damit für Dilthey gleichzeitig die Basis der Legitimation seines paternalistischen Erziehungsverständnisses. Die richtige Organisation von Erziehung ist für Dilthey, wie man heute sagen würde, ein zentraler Bestandteil für den Wirtschaftserfolg von Staaten im globalen Wettbewerb.

Deshalb ist die Gestalt von Erziehung als ein Verhältnis von Macht und Herrschaft aufzufassen, über das die Tätigkeit des Erziehens reguliert werden kann. Disziplinäre Pädagogik hat »den ganzen Umfang der Aufgabe des Erziehungsgeschäftes und der Organisation des Schulwesens« (ebd.) zu überblicken und paternalistische Argumentationsfiguren zu entwickeln, um bestimmte Herrschaftskonstellationen normativ als »pädagogisch« und nicht bloß für Eltern, Korporationen und andere Systemelemente von Gesellschaft erziehungswichtig auszuzeichnen.

Dilthey sieht folglich die Tätigkeit des Erziehers als der des Staatsmanns verwandt, nicht nur weil sich beide innerhalb von Herrschaftsverhältnissen bewegen und Machtansprüche von Korporationen und staatlichen Gruppierungen austarieren müssen, sondern auch, weil sie genau dies unter der Bedingung eines globalen Wettbewerbs von Gesellschaftssystemen tun.

Warum er aber auch nahe Verwandtschaft zwischen dem künstlerischen Genius und dem Erzieher sieht, bleibt noch offen.

Erziehung als Tätigkeit des pädagogischen »Genius«

Dilthey versteht – wie gesehen – Erziehen als eine Tätigkeit, die einen bestimmten Zweck, den Zweck des Bildens, verfolgt und in soziale Beziehungsstrukturen eingebunden ist, die als Macht- und Herrschaftsverhältnisse zu charakterisieren sind. Dies hat Folgen für die Art der Tätigkeit, die Dilthey selbst nicht benennt, die sich aber logisch ergeben. Die Betonung von Herrschaft in Erziehungsverhältnissen hat zur Konsequenz, die Tätigkeit des Erziehens als eine Tätigkeit des Ausübens von Zwang hervorzuheben und diesen Zwang nicht zu verharmlosen, wie er heute paradigmatisch durch Rechtsvorgaben wie Schulpflicht oder das Bestimmungsrecht von Eltern auf Aufenthalt ihrer Kinder zum Ausdruck gebracht wird. Die Betonung von Bildung als Entwicklungsförderung hat zur Konsequenz, dass nicht alle Einzeltätigkeiten, die heute als »pädagogische« Handlungen bezeichnet werden, Erziehungstätigkeiten sind. Gewiss gehört die Handlungsform des Unterrichtens zu bildender Erziehung in Diltheys Verständnis, nicht aber Tätigkeiten, die heute als »kurative« Handlungen in den Formen des Pflegens, Versorgens, Betreuens, Beratens oder Helfens als Erziehungstätigkeiten aufgefasst werden. Sie können als Vorformen von Erziehung verstanden werden, wenn sie zu bilden mitbeanspruchen, so lässt sich aus Diltheys Erziehungsverständnis folgern. Sonst gehören sie zur Kategorie ethisch-sozialer Tätigkeiten, die sich dem Schwachen und Hilflosen um der Minimierung oder Aufhebung von Schwachheit zuwenden.

Dilthey selbst thematisiert diese Frage nicht, welche Einzeltätigkeiten in der Welt des Erziehens als Erziehungshandlungen aufzufassen sind. Seine systematische Begriffsexplikation leitet er – wie bereits gesagt – aus einer phänomenologischen »Deskription des Erziehers in seinem Verhältnis zum Zögling« (ebd., 190) ab und fokussiert damit die Tätigkeit des Erziehens auf Handlungen, durch die eine Relation zwischen Personen hergestellt wird. Diese ist für Dilthey einerseits durch den Bildungsgedanken als einer Beziehung zwischen Bildungsanspruch und Bildsamkeitsbedingung gegeben, wie sie das Konzept der Teleologie des Seelenlebens beschreibt. Diese Beziehung ist ihm andererseits durch natürliche und kulturell-evolutive Ausprägungen von Paternalismus gegeben, sodass Pflichten und Rechte Erzieher und Zöglinge miteinander verbinden.

Beide Akzentuierungen des Verständnisses von Erziehung legen es nahe, die Tätigkeit des Erziehens als eine zu sehen, in der reflexiv-rationale Momente zentral werden. Der Erzieher wendet rational bestimmte Prinzipien und Regeln zur Förderung von Entwicklung an. Er versteht die Ausübung von Zwang als rational-ethische Verpflichtung zur Fürsorge gegenüber dem Kind und folgt dem moralischen Prinzip der Achtung von dessen Selbstzweck.

Die Tätigkeit des Erziehens in einer Face-to-Face-Interaktion bestimmt Dilthey nun völlig entgegengesetzt. Hier wendet er sich sozusagen der anderen, der irrationalen, ja »unlogischen« Seite des Erziehungsvorganges zu. Hier begreift er Erziehung als eine Handlungsform, durch die nicht so sehr Achtung und Respekt, sondern Liebe und Sympathie als Gefühlszustände gegenüber dem Zögling zum Ausdruck gebracht werden. Hier wird pädagogisches Handeln als eines aufgefasst, durch das Erziehungsherrschaft von ganz anderer Art zum Tragen kommt. Hier ist Erziehung eine Tätigkeit, die vor allem ein pädagogischer »Genius« vollbringt, also ein Künstler, kein Technokrat, der die Gesetze des Seelenlebens kennt und entsprechend pädagogisch anregend tätig wird. Damit beschreibt Dilthey zwar auch weiterhin, dass Erzieher ihre Tätigkeit innerhalb der rationalen Herrschaft von Erziehungssystemen ausüben, verlangt aber gleichzeitig, dass diese Tätigkeit gerade nicht eine solche sein darf, die sich der Möglichkeiten dieser Herrschaft oder eines psychologischen zweckrationalen Managements zur Menschenführung bedient. Das Tun des Erziehers muss in der direkten Begegnung von Mensch zu Mensch – so sagt er – eines sein, das »magische Gewalt« (GS IX, 201) ausübt. Erziehungszwang muss »in der Macht unwillkürlicher Regungen im Gemüt« liegen, in der »Anziehungskraft, die ein Mensch auf andere ausübt, durch die Art, wie er sich hingibt« (ebd.).

Sympathetische Instinkte, Mitgefühle und Liebe müssen damit für Dilthey Ingredienzien der Tätigkeit des Erziehens sein. Die Bindung zwischen Erzieher und Zögling muss über einen personalen Machteinfluss des Erziehers hergestellt werden, der sich als »elementares Phänomen« (ebd., 201) zeigt, nicht sozialtechnologisch hergestellt oder als professioneller Habitus erlernt werden kann. Dilthey beschreibt diese elementare Einwirkung des Erziehers auf den Zögling wie folgt: Sie

> *»ist in der Macht unwillkürlicher Regungen im Gemüt gegeben. Man bemerkt, dass die Anziehungskraft, die ein Mensch auf andere ausübt, durch die Art, wie er sich hingibt, bedingt ist. Impulsive Naturen allein üben eine solche Macht. Wo nun solche starken Gefühle Kindern gegenüber empfunden und von diesen leidenschaftlich erwidert werden, da ist eine elementare Anlage vorhanden. Zunächst ist jede Beobachtung von Kinderseelen auf diesen Gefühlsregungen begründet. Sie ist nicht eine Sache bloßer intellektueller Operationen. Wir verstehen einen Menschen nur, indem wir mit ihm fühlen, seine Regungen in uns nachleben; wir verste-*

> *hen nur durch Liebe. Und gerade an ein unentwickeltes Leben müssen wir uns annähern durch die Kunst der Liebe, durch ein Mindern unserer eigenen Gefühle in das Dunkle, Unentwickelte, Kindliche, Reine. Alles Raisonnement tritt nur als sekundär hinzu. Hiermit hängt zusammen, dass in dem pädagogischen Genius Gemüt und Anschauungskraft vorherrschen, gar nicht der Verstand.«* (Ebd.)

Was Dilthey hier als »Schaffen« des Erziehers beschreibt, lässt sich in der Sprache des Soziologen Max Weber als Ausübung »charismatischer Herrschaft« fassen. Solches Charisma ist bestimmten Menschen schlicht gegeben, durch die sie andere an sich binden, an sich fesseln. Pädagogisches Charisma zeigt sich für Dilthey in dem, was er »Impulsivität« oder ein wenig später »ungebrochene Naivität« nennt, mit der Erwachsene Kinderseelen einfühlend-liebevoll verstehen, auf Kinder eingehen, ja sozusagen selbst kindlich werden, um Kinder um sich zu scharen. Sichtbar wird für ihn solche elementare pädagogische Genialität in Fröbels Schriften als »Spekulationen« über den Sinn des Spiels für Kinderseelen, die geprägt sind von »einem Herz aus Liebe«. Sichtbar wird solche Genialität auch in den Figuren von Pestalozzis Roman »Lienhard und Gertrud« über die Verbindung von Erziehung und humaner Hilfeleistung. Aber auch bei so manchem Volksschullehrer, der sich nicht literarisch artikuliert, sieht Dilthey die »Wärme« der Zuwendung und des Verständnisses für die Kindlichkeit des Kindes und damit charismatisch-liebende Herstellung von »Anziehungskraft« als pädagogische Tätigkeit.

Wenn sich dieses elementare pädagogische Charisma mit Reflexivität verbindet, dann wird auch und gerade das Nachdenken über Erziehung zu einer Tätigkeit des »pädagogischen Genius«. Genial ist dann für Dilthey etwa Platon, weil dieser den Gedanken »des pädagogischen Eros« philosophisch artikuliert und damit Bildung als Emporbildung über Stufen des Liebesverlangens hin zur Liebe des Schönen konzipiert hat. Genial sind dann Rousseau und Pestalozzi, weil der eine ein Konzept neuer, revolutionärer Erziehung und der andere »tiefsinnig, elementar, konkret, wahrhaftig«

(ebd.) über Entwicklungsaufgaben des Menschen reflektierte. Für Dilthey sind diese und weitere Autoren vor allem des Zeitalters der Aufklärung »geniale Erfinder«, weil sie ein »System der Mittel, durch welche Kinderseelen gebildet werden« (ebd., 203), kreativ geschaffen haben. Sie haben wie Dichter dieses System geschaffen, indem sie wie diese von den »im Gefühl wachsenden wogenden Bildern aus der Erfahrung« (ebd.) ausgingen. Während das dichterische Produkt solchen Umgangs mit Gefühlsbildern etwa eine Narration über handelnde Personen wurde, wurde aus dem Umgang mit eigenen Gefühlen und Erfahrungen für Erziehungstheoretiker der Erziehungsplan zum Produkt. Letztere sind sozusagen nahe Verwandte der Poeten. Denn – so schreibt Dilthey (GS VI, 166) über »Die Einbildungskraft des Dichters« –

> *»das Kennzeichen des poetischen Genies liegt eben darin, dass er nicht nur die Erfahrung überzeugend abzuschreiben imstande ist, sondern mit einer Art von konstruktiver Geistesmacht, eine Gestalt hervorbringen kann, die in keiner Erfahrung ihm gegeben sein konnte und durch welche dann die Erfahrungen des täglichen Lebens begreiflich und dem Herzen bedeutsam werden«.*

Pädagogisch-geniale Theoriker schreiben ebenso wenig wie Dichter bezogen auf generelles Leben nur Erfahrungen aus ihrem alltäglichen Umgang mit Kindern ab. Sie verfügen wie diese über »konstruktive Geistesmacht«, um pädagogische Innovationen in die Welt zu bringen. Allerdings sind ihre neuen Methodiken pädagogischen Schaffens, wie Dilthey ergänzend sagt, an die jeweilige Person gebunden. Pädagogische »Erfindungen« »sind im Genie Bestandteil einer Technik, die historisch bedingt ist und daher auch nur von einem neuen Künstler verwandt werden kann« (GS IX, 203). Die Tätigkeit des Erziehens in Face-to-Face-Situationen kann folglich nicht durch das Lesen der Schriften solcher pädagogischen Genies erlernt werden.

Von zwei Seiten wird also das Schaffen des Erziehers für Dilthey schwierig. Entweder ist dies Schaffen Ausdruck von Kompetenzen eines »geborenen« Erziehers, wie Spranger das Charisma bestimmter Erzieherpersönlichkeiten nennt, und damit nicht erlernbar. Dilthey selbst gibt den Trieb- und Gefühlskreisen des Menschen einen zentralen Stellenwert für sein Handeln, das sich als »Ausdruckshandeln« zeigt, nämlich als Ausdruck je individuellen Zusammenspiels dieser Kreise. Solches Handeln ist dann immer an die Besonderheit einer Person gebunden, die nicht kopiert werden kann. Oder das Schaffen ist an die Erfindungskunst eines poetenähnlichen Erziehungstheoretikers gebunden, sodass die Verwendung von deren innovativer Methodik der Erziehung bestenfalls durch einen »neuen Künstler« Erfolg versprechend ist. »Der Genius ist selten, wie überall, so in der Erziehung. Die Erziehung kann nicht auf ihn warten« (ebd., 204) – sagt Dilthey. Sein Lösungsvorschlag, die Tätigkeit des Erziehens einerseits als Ausdruck der Genialität von Personen zu sehen, andererseits solche Personen nicht als Personal für organisierte Erziehung unterstellen zu können, besteht in der Formulierung pädagogischer Hoffnung, dass der Genius etwas »vorausschaut, anbahnt«, sodass

> *»Helden entstehen, eine Bewegung. Auch untergeordnete Köpfe können an der Durchbildung dieser Technik mitarbeiten; der tüchtige, herzliche, kinderliebe, treue Mensch kann in dieser Technik mithelfen, mittun.«* (Ebd.)

Erziehung als letztlich charismatische und künstlerische, nicht sozialtechnisch-zweckrationale Tätigkeit der Anwendung pädagogischer Mittel ist damit für Dilthey auf die Existenz pädagogischer »Bewegungen« angewiesen, also auf Lebenskreise von Erziehern, die sich für von »Helden« artikulierte Erziehungsideen und -mittel begeistern lassen. Diese Helden sind Vertreter von »Idealität«, sind »Vorbilder«, wie Dilthey an anderer Stelle sagt, weil durch die »Bildungskraft großer Männer … ein ungeheurer Einfluss« (GS X, 84) gegeben ist. Sie können die Gefühle und Empfindungen für das Wertvolle eines Tuns ansprechen und damit Folgebereitschaft erzeugen, die sich in Nachfolge-»Bewegungen« zeigen. In diesen moralisch konnotierten Bewegungen erfahren sie den Geist, den Esprit, der handwerkliche Tüchtigkeit, normale Herzlichkeit in begeistertes Tun und empathisches Zugehen auf Menschen verwandelt. Die Tätigkeit des Erziehens verlangt – so könnte man vielleicht sagen – die Existenz pädagogischer »Gemeinden« analog zu Religions- oder Überzeugungsgemeinschaften, die über Glauben miteinander verbunden sind und ihr Leben den Überzeugungen ihrer Stifter nachfolgend zu gestalten suchen. Deswegen sagt Dilthey möglicherweise:

> *»dem pädagogischen Genius am nächsten verwandt, ja an seinen Anlagen und Leistungen teilnehmend ist jede Art von Pädagogie in dieser Welt, die so sehr das bedarf, am meisten die religiöse, aber auch die philosophische«* (ebd.).

Diltheys Verständnis Historisch-Systematischer Pädagogik in seinen Vorlesungen zur Pädagogik

Mit der Bestimmung von »Grundlinien eines Systems der Pädagogik« (GS X, 167ff.) will Dilthey – wie gesehen – ein systematisch-logisches Grundgerüst eines disziplinär-spezifischen Reflektierens von Pädagogik über Erziehungswelt entwickeln. Bereits dieses Grundgerüst enthält eine Vielzahl von Bezügen zu Überlegungen und Anregungen aus der Theoriegeschichte des Nachdenkens über Erziehung. Dilthey greift pädagogische Auffassungen aus unterschiedlichen Zeiten kritisch oder rezeptiv auf und stellt sie in einen neuen Zusammenhang. Damit verwendet er in seiner Systematischen Pädagogik Autoren früherer Zeiten, als wären sie zeitgenössische Gesprächspartner, um eine neue, eine wissenschaftliche Pädagogik zu konzipieren, die dem Reflexionsanspruch der eigenen Zeit entsprechen kann. In hermeneutischer Wissenschaftstheorie gilt dies als Kennzeichen einer historisch-systematischen Vorgehensweise, und insofern lässt sich Diltheys Pädagogik als eine historisch-systematische Pädagogik bezeichnen.

In Diltheys Vorlesungen zu Pädagogik finden sich jedoch weitere Zusammenhänge von geschichtlichem und systematischem Rekurs auf Erziehung. Dort beginnt er zunächst mit der »Geschichte der Erziehung und ihrer Theorien«, bevor er sich den bisher erläuterten Fragen einer Systematischen Pädagogik zuwendet. Den Beginn mit Geschichte der Pädagogik begründet er damit, dass er seinen Zuhörern »vor allem das Bewusstsein der Geschichtlichkeit jedes Erziehungsideals« verdeutlichen möchte und dass er davon ausgehe, dass »ohne die Kenntnis der antiken und mittelalterlichen Pädagogik ... die der neueren dilettantisch« (ebd., 10) sei. Mit dem weiteren Hinweis darauf, dass er nach der Behandlung der Geschichte der Pädagogik »die elementaren Sätze der allgemein gültigen Pädagogik« und das »Ideal des heutigen Erziehers und heutigen Unterrichtswesens« (ebd.) entwickeln werde, scheint er dem Vorlesungsteil über historische Erziehungsformen und -reflexionen anscheinend zwei Bedeutungen zu geben. In ihm soll einerseits verdeutlicht werden, dass sein Konzept einer neuen Pädagogik mit dem Anspruch auf Allgemeingültigkeit zentral mit dem Problem des historischen Relativismus von pädagogischen Reflexionen zu tun hat. Über diesen Vorlesungsteil soll andererseits ein Verstehensdefizit der Zuhörer bearbeitet werden, insofern Dilthey davon ausgeht, dass neuzeitliche Pädagogik nicht ohne Wissen um vorhergehendes pädagogisches Denken und Handeln verstehbar sei.

Historische und systematische Betrachtung von Erziehung scheinen damit marginal miteinander verbunden zu sein. Erstere begreift Erziehung als historisches Phänomen und hat die Funktion, Gegenwart über historische Komparationen verstehbar zu machen. Letztere hat die Aufgabe, für die Gegenwart ein Erziehungsverständnis zu formulieren, das modernen Reflexionsansprüchen genügen kann.

Der Hintergrund des Vorlesungsteils über Geschichte der Pädagogik und die Einleitung dieses Teils zeigen jedoch ein anderes Bild. In einem Brief aus dem Jahre 1884 (vgl. von Schulenburg 1923, 47) an seinen Freund, den Grafen Yorck von Wartenburg, schreibt Dilthey im Zusammenhang der Vorbereitung dieses Vorlesungsteils nicht über das, was die Zuhörer lernen sollen, sondern über das, was er selbst gelernt hat, wenn er sagt:

> *»Ich habe diese drei Vorlesungsmonate vorherrschend in der Geschichte der Erziehung in Europa verbracht. Selten hat mich ein historisches Studium innerlich so angeregt und mir Aufschlüsse über Universalgeschichte überhaupt, d.h. die Kausalbeziehungen (psychologischen) von Lebensideal, Erziehungsideal, Poesie, Bildung, Wissenschaft gegeben. Ich meine mich immer mehr dem Punkte zu nähern, an welchem ich durch die bisher gebrauchten Kategorien für Auffassung der geschichtlichen Erscheinungen des Geisteslebens hindurchbreche und ins Freie, Offene gelange, wo man mit wirklichen Seelen zu tun hat.«*

Die Beschäftigung mit der Geschichte der Pädagogik wird zwar auch hier von Dilthey nicht explizit als Teil seines Konzepts einer Systematischen Pädagogik wahrgenommen, sondern als Durchbruch einer neuen »Auffassung der geschichtlichen Erscheinungen des Geisteslebens« in der Form von »Universalgeschichte«, in der gleichzeitig »wirkliche Seelen« erfahrbar werden. Diese Hinweise auf den Gewinn einer neuen geschichtlichen Sichtweise enthalten jedoch Akzente, die eine starke Verbindung zwischen historischer und systematischer Zuwendung auf Erziehungswelt zeigen. Der Dilthey-Interpret Thiele (1999, 193) deutet Diltheys Sicht von Geschichte auf dem Hintergrund von dessen auch späteren historisch-fachwissenschaftlichen und theoretischen Überlegungen zur Historiographie seiner Zeit als Versuch einer »Universalgeschichte« (ebd., 192ff.), einer »Kulturtheorie« (ebd., 407ff.) und als »Sozialphilosophie« (ebd., 422ff.).

Demgemäß deutet Dilthey mit dem Hinweis auf »Universalgeschichte« in seinem Brief an, dass seine Beschäftigung mit der Geschichte der Erziehung ihn belehrt hat, wie das Problem des Historismus und Relativismus überwunden werden könne, dass alles Historische nur aus seiner Zeit verständlich wäre und nur für diese Bedeutung hätte. Gleichzeitig wurde Dilthey belehrt, wie früheres geschichtsphilosophisches Denken aufgegriffen werden könnte, um geschichtliche nicht nur als sich verändernde Welt, sondern gesetzmäßig sich wandelnde Welt zu begreifen. Über einen typologischen Vergleich von historischen Strukturen, Zusammenhängen und kulturellen Erscheinungsformen erhofft Dilthey einerseits das »›immanent-teleologische‹ Baumuster« (ebd. 195), also das Bewegungsgesetz von geschichtlicher Entwicklung zu verstehen und andererseits »›aus den Gestalten des geschichtlichen Daseins der Menschheit zur Erkenntnis (zu) bringen, was der Mensch ist‹« (ebd., 194). Historische Veränderungen als notwendige aufzuzeigen und gleichzeitig anthropologische Erfahrungen über das Menschliche des Menschen zum Ausdruck zu bringen ist also das Anliegen universalhistorischen Denkens.

Dies sieht der Dilthey-Interpret in Verbindung mit Diltheys kulturtheoretischem, -geschichtlichem und sozialphilosophischem

Anliegen. Universalgeschichtliches Denken hat eine Nähe zu geschichtsphilosophischen Versuchen, Gesetze des Wandels zu finden, will aber im Unterschied zu diesem keinen Fortschritt des Menschengeschlechts insgesamt sehen. Dieser Fortschritt aber ist nach Dilthey für diejenigen »Kultursysteme und Organisationen« (ebd., 185) festzustellen, die bis zur Gegenwart Bestand haben. In den Kulturlebensbereichen von Ethik, Pädagogik, Politik, Wissenschaft und Kunst sieht er Phänomene von Entwicklung im Sinne von Höherentwicklung und Steigerung, sieht er »geschichtliches Fortschreiten« (ebd., 417). Die Grundrichtung dieser Steigerung verläuft über den Fortschritt von Wissenschaft, Kunst und Religion, die der individuellen wie kulturellen Entwicklung die Richtung weisen, nämlich »freie Entfaltung der Individualität« (GS XIX, 105; GS XX, 125). Träger dieser Höherentwicklung sind »das bedeutende Individuum«, »die besonders veranlagten Individuen«, die »Künstler, Philosophen und religiöse Genies«. Sie können und werden zu Leitfiguren ihrer Zeit, wenn ihr Schaffen »den Werten und dem Bedeutungszusammenhang des Zeitalters selbst« (ebd., 421) kongenial entspricht und die von ihnen formulierten Ideale sowie Innovationen nicht abgehoben auf ferne Zukunft hin gerichtet sind.

In dem obigen Brief spricht Dilthey also davon, wie ihm über die historische Beschäftigung mit Pädagogik als einem noch bestehenden Reflexions- und organisatorischen System sowohl der Bauplan historischen Erziehungsgeschehens im Sinne von Geschichtsphilosophie sowie des geschichtlichen Fortschritts im Sinne von Kulturtheorie deutlich geworden ist. In der Einleitung seiner Pädagogikvorlesung spricht Dilthey zunächst Ersteres mit den Worten an,

> *»dass die Erziehung und Unterrichtssysteme mit den Völkern wachsen, Reife erlangen und sinken müssen. Denn da die Erziehenden selber vom Geist des Ganzen bedingt sind, wird keine Erziehungstheorie der Welt in einem sinkenden Volke das Sinken des Unterrichtssystems hindern können. … Die Erziehung also und*

> *das Unterrichtswesen sinken unaufhaltsam mit dem Sinken der Nation.«* (GS IX, 15)

Das pädagogische System beschreibt Dilthey hier als dem Bauplan von zyklischer Verfallsgeschichte unterworfen. Jedoch ist für ihn dieser Verfall ein Verfall der Völker und Nationen, den er organologisch als Kreislauf betrachtet. Sie unterliegen ihm wie Menschen dem Naturgesetz: »im Wachstum Reife zu erlangen und unterzugehen« sowie wieder neu zu entstehen und nur in der kurzen Zeit des vollen Erwachsenenlebens vor dem Greisenalter und dem Tod die »angelegten Kräfte frei entfalten« (ebd., 14) zu können. Insofern das Erziehungssystem Teil des Lebens von Völkern und Nationen ist, kann es mithelfen, diesem Leben zur Blüte zu verhelfen, aber den Prozess des Abstiegs nicht aufhalten. Andererseits ist nach Dilthey das Erziehungssystem gleichzeitig Element des Kultursystems »Wissenschaft« und damit auch einem Fortschritt unterworfen. Denn »die positiven Wissenschaften schreiten fort, d.h. aber: sie unterwerfen immer neue Gruppen von Tatsachen Gesetzen oder generellen Einsichten« (ebd., 15). Wissenschaft zeigt also Fortschrittlichkeit hinsichtlich der Ausdehnung ihrer Erfahrung von Welt, aber auch durch Übernahme von Tätigkeiten, die zuvor nur durch »handwerksmäßige Überlieferung« bewerkstelligt wurden. Die wissenschaftlichen Erfahrungen werden im Unterschied zu handelnder Traditionsüberlieferung über ihre Verschriftlichung »übertragbar«, führen zu »Weiterarbeit« und Erkenntnisfortschritt. Dieser wiederum hat die Ausdehnung des Unterrichtswesens in immer differenzierteren Organisationsformen und mit immer größerer Ausdehnung auf »alle Individuen« zur Folge. Zu solcher Ausweitung von Erziehung aufgrund des Wissenschaftsfortschrittes gehört auch der Einbezug von immer weiteren Wissensgebieten in ihre Organisationsformen und die Verwissenschaftlichung des pädagogischen Handelns durch die Disziplin »Pädagogik«.

Dies bedeutet, dass das Erziehungssystem, obwohl es nach Dilthey Teilsystem des Lebens von Völkern und damit von zyklischen Verfallsprozessen ist, aufgrund seiner Verflechtung mit dem auf Weiterentwicklung angelegten Kultursystem »Wissenschaft« in vor allem vierfacher Hinsicht auf Fortschritt angelegt ist. Fortschritt zeigt sich als Anpassungsleistung an höhere Erfahrungsformen, als Erweiterung von Erfahrungswelten, als Einbezug immer größerer sozialer Gruppen in Bildungssysteme und damit Höherentwicklung des Individuums durch dadurch mögliche intellektuelle Bereicherung.

Zu erkennen ist, wie die Aufgabe Systematischer Pädagogik mit Diltheys Beschäftigung mit der Geschichte der Erziehung tiefer verbunden ist, als er es gegenüber seinen Zuhörern sagt. Wenn er die Möglichkeit von Erziehung in der Verbindung der Teleologie des Seelenlebens mit evolutiver Kulturentwicklung sieht, den wissenschaftlichen Nachweis von Kriterien zur Optimierung von Entwicklung zu erbringen sucht und Erziehen als Bildungsaufgabe versteht, dann liegt dieser Sichtweise und Suchbewegung zunächst eine kulturtheoretische Vorstellung von Fortschritt zu Grunde. Denn die universalgeschichtliche Betrachtung von Erziehung kann nur belehren, wie Erziehung in den organologischen Kreislauf von Wachstum, Reife und Untergang von Nationen eingebunden ist. Die kulturgeschichtliche Betrachtung von Erziehung kann demgegenüber Gegenwartsaufgaben zur Höherentwicklung des Erziehungssystems hinsichtlich wissenschaftlichen wie kulturellen Fortschritts und individueller Freiheitsspielräume aufzeigen.

Dennoch trennt Dilthey beide Sichtweisen von Pädagogikgeschichte nicht, sondern sucht sie in der Einleitung auch miteinander zu verbinden, indem er von dem »doppelten Verhältnis der Erziehung zur nationalen Kultur einerseits und zum Fortschritt der Wissenschaften andererseits« (ebd., 19) als den beiden Faktoren spricht, über die Erziehungsaufgaben für die eigene Gegenwartszeit begründbar sind. Der Ausdruck »nationale Kultur« beinhaltet Aspekte, die gleichzeitig universal- wie kulturgeschichtlich betrachtet werden können, insofern sowohl von Nation wie von Kultur die Rede ist. Das organologische Gesetz von Wachstum, Reife und Verfall bezieht sich aber nur auf vergangene Epochen und Nationen wie die des antiken Griechenlands und Roms und wird nur im Nachhinein sichtbar. In welcher Phase von Reife oder Verfall eine Nation der Gegenwart steht, kann erst der Geschichtsschreiber der Zukunft sagen. Von daher verbietet sich eine direkte Anwendung des universalhistorisch-organologischen Gesetzes zur Beschreibung gegenwärtiger nationaler Kultur. Aber das Gesetz beschreibt die grundsätzliche Bedrohlichkeit, vor der jede Nation in historischen Epochen steht. Deshalb kann Dilthey diese nationale Kultur kulturkritisch sehen, von einem drohenden »Zerfall der Sitten, der großen leitenden Ideen und der Gemütswelt in einer Nation« (ebd.) sprechen, weil universalhistorisch dies die Gefahr für jede blühende Nation ist. Dieses Bedrohungsszenario, auf das Universalhistorie verweist, müssen kulturtheoretisch angelegte Vorschläge für Fortentwicklung des Erziehungssystems in Rechnung stellen, die dem Fortschritt von Wissenschaft und individueller Entfaltung verpflichtet sind. In der Einleitung seiner Pädagogikvorlesung nimmt Dilthey vorweg, dass es Auflösungserscheinungen gewachsener Verbindungen zwischen den Lebensverhältnissen und wissenschaftlichem Fortschritt wie Individualisierungstendenzen jeweiliger Nationen sind, die eine besondere Bedrohung darstellen, wenn er sagt, dass

> *»sich als die tiefste Aufgabe der Erziehung (ergibt, R.U.), dass das Raisonnement und die Wissenschaft nicht das feste Gefüge der nationalen Sitten und Ideale schädige, und dass andererseits nicht diese erhaltenden Kräfte die freie Entwicklung wissenschaftlicher Technik, die dem Individuum seine höchste Leistungskraft gibt, hemmen«* (ebd.).

Diltheys Betrachtung der Geschichte der Pädagogik als eine, in der Universal- als zyklische Verfallsgeschichte und Kultur- als Fortschrittsgeschichte aufeinander treffen, führt ihn gleichzeitig zu der Bestimmung der Aufgabe einer Systematischen Pädagogik, nämlich ihre Reflexionen so anzulegen, dass ein »harmonisches Gleichgewicht« (ebd.) zwischen der generellen Untergangsbedrohung von Nationen und kulturellem wie individuellem Fortschritt in den Nationen berücksichtigt wird. Diese Aufgabenbestimmung lässt Historische und Systematische Pädagogik zentral zu einer Historisch-Systematischen Pädagogik werden, weniger die Tatsache, dass Dilthey historische Theoretiker der Erziehung als Gesprächspartner wahrnimmt oder dass über Vergleiche mit Vergangenheit Gegenwart besser verständlich wird.

Von diesem Verständnis historisch-systematischen Denkens ausgehend, lässt sich Diltheys Erfahrungsgewinn bei der Beschäftigung mit dem Vorlesungsteil über Geschichte der Pädagogik als Gewinn von Einsichten auffassen, die er seinem System der Pädagogik zu Grunde legt. Bislang relativ unbegründet erscheinen bestimmte Akzentuierungen seines Pädagogik- und Erziehungsverständnisses, z.B.

- dass er die Möglichkeit von Erziehung an das Ineinandergreifen von Seelenzuständen und kultureller Evolution bindet,
- dass er »elementare« Verknüpfungen als besondere Gelenkstellen zur Förderung von Höherentwicklung auffasst,
- dass er moralische Erziehung als Förderung von Vertrauensgewinn in das Ethos einer Zeit und kognitive als »bedürfnisangepasste« Förderung versteht,
- dass er Erziehung als Ermöglichung von Bildung und paternalistische wie charismatische Macht- und Herrschaftsausübung begreift.

Diltheys Konzept von Pädagogik und Erziehung ist von solchen Grundannahmen geleitet, die – wie sich zeigen lässt – sich aus Diltheys Lernerfahrung durch die Beschäftigung mit der Geschichte der Pädagogik ergeben haben, und zwar vor allem im Rekurs auf diejenigen Zeiten, die er »Helden«- oder »Heroenzeitalter« nennt und deren Ablösung durch das Zeitalter der »Reife«.

Das Vorbild des »Heroenzeitalters« für pädagogisches Denken

In seiner Geschichte der Pädagogik folgt Dilthey nicht dem gewohnten Einteilungsprinzip von Altertum, Mittelalter und Neuzeit, sondern untergliedert nach »Erziehung und Pädagogik der alten Völker« und »Erziehungssysteme und pädagogische Theorien der modernen europäischen Völker« (vgl. GS IX, Vf.) mit weiteren Differenzierungen. Sowohl die »alten Völker« wie die Griechen und Römer als auch die »modernen europäischen Völker« haben ein »Heroenzeitalter«, das einem Fortgang des Reifens und Alterns unterliegt. In diese Heldenzeit und deren Fortgang sind Erziehungspraxen eingebunden, die mit zunehmender Reifung von zeitgenössischen Theoretikern diskursiv begleitet werden. Dilthey unterlegt also seiner Pädagogikgeschichtsschreibung eine Einteilung nach Völkergenerationen und eine organologische Chronologie, die dem Lebenszyklus von Kindheit und Jugend, des Weiteren von Reife und Alter entspricht. Reifezeit ist dabei die Ablösung des Heroenzeitalters von dem Punkte an,

> *»an welchem die bürgerlichen Gewerbe und der Handel Einfluss auf den Geist der Nation gewinnen und infolge davon ein Bürgerstand sich entwickelt hat, in diesem aber die Wissenschaft alsdann Einfluss auf das Unterrichtssystem gewinnt«* (ebd., 21).

Das Heroenzeitalter durchliefen nach Dilthey »ganz auf gleiche Weise Griechen, Römer, Deutsche, Engländer und Franzosen« (ebd.). Bei allen sieht Dilthey etwas grundlegend Einheitliches. Bei aller historischen Differenz zwischen den genannten Nationen gibt es zwischen ihnen die epochale Gemeinsamkeit, dass eine radikale Trennung von körperlicher Arbeit und Führungsfunktion dominiert. Erstere ist Aufgabe für viele, während wenige politische Leitungsfunktionen sowie kriegerische Tätigkeiten übernehmen. Daraus erwachsen für die Wenigen bestimmte »Lebensideale«, die Dilthey als »Gefühl der persönlichen Würde« durch Unabhängigkeit von Erwerbsarbeit, als »Hingebung an Gesetze und Aufgaben des Staatsganzen« und als das »persönliche Lebensideal der Vollkommenheit körperlicher Entwicklung und … mannhafter Wehrhaftigkeit« (ebd., 112) bezeichnet. Dass die hier genannte »persönliche Würde« nicht modernes Subjekt- und Individualitätsverständnis vom Anspruch der Person auf Achtung seiner selbst meint, sondern die Ehre der Zugehörigkeit zu einer Elite bezeichnet, ist für Dilthey ein ausdrückliches Anliegen. Für das griechische Heroenzeitalter verweist er auf Sparta, wo wenige Spartiaten Krieger waren und Herrschaft ausübten, Periöken und Heloten beherrscht wurden und arbeiten mussten, bzw. auf Athen, wo die höheren Stände über Landbesitz verfügten, sich dadurch als freie Männer verstehen konnten, weil sie von Gewerbetätigkeit freigestellt waren und sich der Politik und den Kriegen ihrer Polis zuwenden konnten.

Solchen praktischen Lebensaufgaben und -idealen einer Elite entsprach für Dilthey das Erziehungswesen des Heroenzeitalters. In Sparta gab es sozusagen eine »spartanische Erziehung«, bestehend vor allem aus gymnastischen Kursen unter »Gesichtspunkten militärischer Zweckmäßigkeit« und Erlernen dessen, was »für den praktischen Gebrauch wünschenswert« (ebd., 23f.) war. Athen entwickelte demgegenüber Erziehung als »Paideia« der Verknüpfung von gymnastischer und musischer Ausbildung zum Zwecke einer »schönen Gestaltung der ganzen Person, die Entwicklung von kriegs- und lebensfreudiger Kraft« (ebd., 32).

Dieses Erziehungsverständnis des Heroenzeitalters enthält für Dilthey das besonders wichtige Moment, dass Erziehung den Bedürfnissen und Idealen der Zeit entspricht, eingebettet ist in eine Ganzheit aus »Lebensbedingungen und Lebensideal« (ebd., 24). Diesen Grundgedanken der Griechen zu verfolgen verlangt er von der Pädagogik seiner Zeit, weil ihm als »Ziel der Erziehung … die Entwicklung des Einzelnen zu der Gesinnung, welche den Staat zu erhalten geeignet ist« (ebd., 25), vorschwebt. Im griechischen Erziehungsverständnis des Heroenzeitalters sieht er vor allem Einheit und Verschmelzung von Wille und Gemütskräften mit umgebender sozialer Ordnung. Diese skizziert er allerdings nur mit wenigen Worten. Ausführlicher beschreibt er den »griechischen Geist« in der athenischen Variante als »mustergültig«. Dieser gilt ihm als durch Ästhetik bestimmt, was zu einem »mit der Anschauung gesättigten« Denken, zu einem Handeln, das von »unmittelbarem Genuss erfüllt« ist, und zu »sinnlicher Regsamkeit und Lebendigkeit« (ebd., 25) führt. In diesen Geist eingebunden und ihn gleichzeitig tragend liegt die besondere Stärke von Erziehung als »griechische Paideia«.

Als geradezu vollkommen beschreibt Dilthey diese Paideia, weil sie Ästhetisches und Musisches, die Zweckfreiheit von Bildung, das lustvolle freie Lernen im Wettstreit und Allseitigkeit von Kräfte- und Interessenbildung beinhaltet. Sie umfasst nacheinander gymnastische Körperausbildung, Spiele und Übungen, förmliche Kriegsschulung, später auch Unterricht. Die Gymnastik ist dabei nicht, wie er vergleichend zu seiner Zeit sagt, »die philisterhafte Sorge für die Gesundheit des Körpers aus Gesundheitsgründen« (ebd., 26) über Turnkunst, sondern eine Tätigkeit von »Spiel und Lebensfreude«. Das Spiel wird begriffen als Ausdruck vollen Menschseins, wie es später Schiller sagen wird. Die Kriegsschulung umfasst nicht nur Einübung in Waffentechnik, sondern Erkundung des eigenen Landes über Märsche, Schwimmübungen, Reiten usw. Sowohl in der Stufenfolge wie in der militärischen Ausbildung sieht Dilthey die Paideia als »vorbildlich für eine künftige deutsche Nationalerziehung« (ebd., 29). Ähnliches gilt auch für den Unterricht, der neben Musik, Mathematik und Grammatik vor allem den Homer zum Gegenstand hatte. An Homer als ihrem »unvergleichlichen Schulbuch« lernten die Griechen des Heroenzeitalters ein ihnen entsprechendes geistiges Leben: »heroisches Gefühl des Lebens, Schätzung der kriegerischen Kraft, Bewusstsein der nationalen Einheit, ein historisches Gefühl ihres ältesten heldenhaften Lebens« (ebd., 31). »Wir« – sagt Dilthey von seiner Jetztzeit – »streben heute erst, unseren Dichtern die ihnen gebührende Stelle zu geben« (ebd.).

Nicht so vorbildhaft, aber auch zustimmend beschreibt Dilthey die Erziehung im Heroenzeitalter Roms. Auch sie sieht er als »ganz im Einklang mit den Bedürfnissen und Lebensidealen der Nation« (ebd., 61) stehend. Solange Rom noch nicht dominante Macht des Mittelmeerraumes war, bestand dieser Einklang von Erziehung und Lebensbedürfnis sowie -ideal im »Einleben in das historische Bewusstsein, welches im Familiengeist und in der Familiengeschichte, in der Rechtsordnung und der Staatsverwaltung bestand« (ebd., 60). Die Hauptdifferenz zwischen dem griechischen und römischen Geist des Heroenzeitalters liegt für Dilthey nämlich darin, dass in Rom Familie die Grundlage des Staates bildete, Frauenwürde hoch geehrt wurde, Erziehung nicht in der Hand von Sklaven, sondern in der der Mutter und des Vaters war. Die eine vermittelte Familiensinn, der andere die geschäftlichen und staatlichen Pflichten, zu denen ergänzend wenig Fremdunterricht in Schreib- und Rechenkunst kam. Erst ab dem 15. Lebensjahr erfuhr die generell familiale Erziehung eine Ergänzung über Militärdienst und Besuch von berühmten Rechtsgelehrten, sodass der Jugendliche nicht Schulung, sondern über »ernstes Familienleben, Rechtssinn, Pflege und wissenschaftliche Behandlung des Rechts und der Kriegskunst« eine Initiation in »allgemeine und öffentliche Tatsachen« (ebd., 60) erfuhr.

Trotz solcher Differenzen, sagt Dilthey zustimmend, allerdings ohne in den Besonderheiten der römischen gegenüber der griechischen Erziehung etwas grundlegend Besseres zu sehen, »waltet in der Tiefe des nationalen Lebens eine bildende Kraft, deren Quellen wir nicht kennen; aus ihr entspringen Ideal und Sitte der Erziehung« (ebd.). Erziehung des römischen Heroenzeitalters mit dem Akzent auf »Pietät, Kontinuität, Rechtsgefühl« zeichnet sich dadurch aus, dass sie wie die griechische mit dem geistigen Leben verbunden war und gegenüber dem griechischen den Vorteil einer besseren Stellung der Frau sowie der Akzentuierung von Rechtssinn hatte.

Als Heroenzeitalter der »romanisch-germanischen Völker« (ebd., 100), der »Völker der Zukunft« (ebd., 101), bezeichnet Dilthey vor allem das Mittelalter der Kreuzzugszeit. Diese Völker sind aus der Völkerwanderung hervorgegangen, wurden romanisiert und christianisiert, behielten dabei noch Momente des germanischen Lebensideals: kriegerischen Geist und Gefolgschaftstreue. Dieses heroische Zeitalter ist für Dilthey die Zeit des »Rittertums«. Wie bei den Griechen und Römern handelt es sich um eine Führungselite mit entsprechender Freistellung von Arbeit, Würdegefühl und Staatsorientierung. Im Unterschied zu den griechischen und römischen Varianten des Heroentums ist der ritterliche Staatsbezug jedoch »monarchisch« orientiert. Im Rittertum geht es nicht um hervorragende Eigenschaften für die Förderung und Erhaltung der Polis, sondern um kriegerisches Messen der Kräfte und um das Lebensideal der »Lehnstreue« gegenüber den Fürsten. Dies bedingt für Dilthey eine gegenüber dem antiken Heroenzeitalter »stärkere Freude an Tapferkeit, Krieg und Abenteuer« (ebd., 112) nicht nur im Krieg, sondern auch ohne Krieg. An die Stelle von olympischen Festen und Theaterwettstreit tritt das Turnier als Einzelkampf. Zudem gehört zum heroischen Lebensideal des Ritters, bedingt durch christliche Marienverehrung und Poesie der Differenz von Ehe und Liebe, der »Frauendienst« als Verehrung der »idealen Frau«.

Die Erziehung im ritterlichen Heroenzeitalter ist für Dilthey aufgrund der besonderen Bedeutung von Lehnstreue, Krieg und Tapferkeit intellektuell anspruchslos, »lebensfroh und sorglos« (ebd., 113) angelegt, wie er am Roman »Parzival« zu sehen meint, und vor allem auf körperlich-militärische Ausbildung und »Entwicklung eines starken und treuen Willens« (ebd.) ausgerichtet. Das Ziel höfischer Bildung ist für ihn einerseits »Courtoisie«, die Vermeidung, das Benehmen eines Tölpels, eines Bauern zu zeigen, und andererseits Ertüchtigung in den ritterlichen Jagd- und Kriegskünsten zu gewinnen. Dies geschah über die Bestellung von Fechtmeistern und Ausbildung bei Hofe als Junker bzw. Page. Hier kam dann noch Unterricht in Schreibkunst, evt. französische Sprache, Gesang und Poesie hinzu.

Sozusagen eingekapselt in ein eigenes Lebensideal, gab es in der Zeit dieses Heroenzeitalters nach Dilthey noch eine »Erziehung der gelehrten Stände« mit dem »Erziehungsideal einer großen kirchlichen Lebensordnung« (ebd., 108), deren Verwirklichung in Kloster- und Domschulen er im Einzelnen beschreibt. Erläutert Dilthey die ritterliche Erziehungsordnung zwar nicht wie die der griechisch-antiken Heroenzeit begeistert, doch zumindest verständnisvoll, so begreift er die kirchliche nur als abzulehnende. Sie beruhte auf »strenger Zucht und Entwicklung von Gehorsam« (ebd.), verlangte bloße Aneignung von überlieferten Lehrmeinungen, die nicht wissenschaftliche Erkenntnisse, sondern nur dogmatisch-orthodoxes Wissen enthielten. »Diese Erziehung« – so urteilt Dilthey – »genügte nicht einmal den Bedürfnissen und Anforderungen, welche an den gelehrten Stand der Geistlichen und Mönche zu stellen waren.« (Ebd., 110) Sie war für ihn dem Heroenzeitalter mit seinen Lebensbedingungen und -idealen schlicht »inadaequat«, weshalb später Erziehung zu Recht weitgehend der Aufsicht von Kirche entzogen wurde.

Die Beschäftigung mit der Geschichte der Pädagogik in der von ihm als »Heroenzeit« benannten Epoche, also mit jungen, kindlichen Völkern, führt Dilthey zu einigen grundsätzlichen Schlussfolgerungen für – wie er sagt – eine »philosophische Behandlung der Geschichte der Erziehung« (ebd., 56). Denn aus der Behandlung heroischer Zeiten der Erziehung lassen sich seiner Ansicht nach strukturelle Gesetzmäßigkeiten des Erziehungslebens folgender Art ableiten:

1. Erziehung ist kein »primärer Tatbestand«, sondern sekundär bzw. Folgeerscheinung einer »bestimmten Organisation von Kultur« (ebd.).

   »*Also: das Primäre ist eine bestimmte Konstitution des Volkslebens, aus welcher Bedingungen, Bedürfnisse und Ideale entspringen; aus diesen drei Faktoren konstituiert sich eine bestimmte Erziehung.*« (Ebd., 56)

2. Das Verhältnis von Lebensbedingungen, -bedürfnissen und -idealen einerseits und den Idealen bzw. Aufgaben von Erziehung andererseits kann eine »mehr oder weniger fördernde und harmonische Beziehung« (ebd.) eingehen.
3. Lebensbedingungen, -bedürfnisse und -ideale können in historischer Beschreibung analytisch voneinander getrennt werden und zeigen sich dann als füreinander förderliche oder hemmende Elemente. Erziehung ist deshalb nicht notwendig Folgeerscheinung aller drei Faktoren von Kultur gleichzeitig, sondern kann sich als Folge von Hemmungs- oder Verstärkungsprozessen der drei Faktoren untereinander zeigen.

Das vor allem griechische Heroenzeitalter erscheint in Diltheys Beschreibung als eine ideale Form des Zusammenspiels von Lebensbedingungen, -bedürfnissen und -idealen untereinander und mit einer gelingenden Erziehung. Hier ist völlige Harmonie gegeben, wie Diltheys Hinweise auf die Vorbildhaftigkeit griechisch-antiker Lebensform und Erziehungskunst zeigen. Er reproduziert die Vorstellungswelt klassischer Griechenlandbegeisterung mit Zusprechungen von Vollkommenheit sowie Vollendung und romantischer Sehnsucht nach einem »Goldenen Zeitalter«. Hier fehlen Entfremdung, Disharmonie, Dissens, Widersprüchlichkeit und Zerrissenheit des Lebens. Die griechische Paideia, sagt Dilthey,

> *»ist nicht die Verwirklichung des allgemein gültigen Systems der Erziehung unter einschränkenden geschichtlichen Bedingungen, sie ist die Verwirklichung eines Ideals, das im Ethos eines Volkes geboren ist: das Besitzen des Innern in der sinnlichen Erscheinung, des Gedankens im optischen Bild, des Willensaktes in der körperlichen Bewegung, des Seelenvorganges überhaupt in der Rede und Gebärde«* (ebd., 36).

Die Paideia ist also kein willkürliches Konstrukt, sondern Realisierung gelebten griechischen Lebens, das zwischen innerem Erleben und äußerer Repräsentanz des Erlebens nicht unterscheidet, theoretische Gedanken visualisiert und überhaupt inneres Seelenleben nach außen zu bringen vermag. Die Lebensbedingungen und -bedürfnisse des freien Polisbürgers wie Erwerbsfreiheit, Partizipation an politischen und militärischen Angelegenheiten der Polis, das Leben in einfachen Wissenschafts-, Rechts- und kulturellen Verhältnissen werden gleichzeitig in religiösen und kultischen Formen und selbstverständlich geltendem Ethos entäußert bzw. zum Ausdruck gebracht und finden in den Formen und Anliegen der Paideia ihre Entsprechung.

Das Heroenzeitalter zeichnet sich jedoch generell durch das Ineinandergreifen von Lebensbedingungen, -bedürfnissen und -idealen aus. In seiner Vorlesung über Ethik spricht Dilthey vom »heroischen Lebensgefühl« als dem »Ideal aller Nationen in ihrer Jugendepoche« (GS X, 60). Das griechische ideale Lebensgefühl entspricht dem, was er dort das Ineinandergreifen von »moralischen und ethischen Gefühlen« nennt, insofern alle Tätigkeiten mit Freude, Wohlgefallen und gehobener Stimmung verbunden werden. Wenn er des Weiteren von heroischen Lebensgefühlen wie »Mut, Ausdauer, Festigkeit, Konsequenz, Treue, freudige Energie« (ebd.) spricht, denkt er auch an die oben genannten römischen Ideale von Pietät, Kontinuität, Pflege von Rechtssinn und Kriegskunst sowie die ritterlichen Ideale von Lehnstreue und Kampfbegeisterung.

Jeweilige Erziehung – so die »philosophische Behandlung der Geschichte der Erziehung« durch Dilthey – erwächst quasi harmonisch aus einem harmonischen Lebenszusammenhang, ohne dass Diskrepanzen zwischen den Einzelelementen eines Volkslebens und seiner Erziehung gegeben sind. Erst wenn diese auftreten, »wenn die unwillkürliche und unreflektierte Bildungskraft vorüber ist«, wenn »das nationale Ethos verloren gegangen ist, wird der Versuch notwendig, eine Begründung aus dem Gedanken zu versuchen« (ebd., 37). Diese Neubegründung von Erziehung kann sich dabei allerdings der philosophischen Einsichten aus dem Heroenzeitalter bedienen, dass Förderung der Harmonie bzw. zumindest Minimierung der Disharmonie zwischen den genannten Lebenselementen und dem Erziehungssystem ihr Anliegen sein muss. Dies bedeutet gleichzeitig, dass pädagogisches Denken einerseits die Frage untersuchen muss, ob und inwieweit Lebensbedingungen, -bedürfnisse und -ideale einer jeweiligen Zeit noch übereinstimmen, und andererseits die Frage angehen muss, wie über Erziehung Missverhältnisse zwischen den Elementen korrigiert und gleichzeitig eine optimale Anpassung an ein Lebenssystem mit seinen drei Zentralmomenten erreicht werden kann. Erziehungsreflexion besteht damit aus einer kritischen Sicht auf Welt, weil gelingende Erziehung ein harmonisches Zusammenspiel von Lebensbedingungen, -bedürfnissen und -idealen braucht, und einer kritischen Sicht auf das Erziehungssystem, das immer hinter dem Zusammenspiel der Lebenselemente zurückbleiben kann.

Die geschichtsphilosophische Betrachtung des Heroenzeitalters als kindlicher Ethnie bildet für Dilthey also den Hintergrund seines systematischen Versuches, über eine neue Psychologie und über Evolutionsbiologie Einheit zwischen individueller Entwicklung und kultureller Evolution herzustellen. Der Ansatz, das Ineinandergreifen von verschiedenen Seelenzuständen untereinander und mit Umwelt hervorzuheben, beruht auf der Idee, dass ideale Erziehung auf harmonischer Anpassung von Lebenszusammenhängen und Erziehung beruht, wie dies das Heroenzeitalter gezeigt hat. Der geschichtsphilosophische Blick macht für Dilthey deutlich, dass Erziehung mit Lebensbedingungen und Lebensgefühlen eng verwoben ist, sodass Zweckzusammenhänge und kultureller Wandel zum Gegenstand Systematischer Pädagogik werden müssen. Darüber hinaus erfährt er, dass über die Betrachtung von »einfachen« Sozial- und Erziehungsverhältnissen wie die der Heroenzeit grundlegende Folgerungen auch für eine moderne Beziehung zwischen Gesellschafts- und Erziehungssystem erkennbar werden. Sie können auch für die Analyse und Synthese komplexerer Systemzusammenhänge verwendet werden. Dass Dilthey systematisch sein Erziehungsverständnis aus der einfachen dyadischen Beziehung zwischen Erzieher und Zögling entwickelt, wird damit verständlich.

Diltheys geschichtsphilosophische These von der Harmonie und Einheitlichkeit einer goldenen Erziehungszeit – so lässt sich aus heutiger Sicht sagen – stellt eine Variante der Kulturphilosophie und -pädagogik ab der zweiten Hälfte des 19. Jahrhunderts dar. Diese nimmt Modernisierungsprozesse ihrer Zeit mit Rationalisierungs-, Individualisierungs- und Pluralisierungsphänomenen kulturkritisch wahr und will diesen Phänomenen mit »holistischen« Grundüberzeugungen begegnen. Traditionale Gesellschaften wie die von Dilthey als »heroische« Völker bezeichneten werden aufgrund ihrer einheitlichen Geschlossenheit von Sozialordnung und Wertüberzeugungen zum Vorbild für die eigene Zeit. Kulturphilosophie sieht, wie zunehmende Prozesse von Enttraditionalisierung sowie Ausdifferenzierung in ihrer Zeit dazu führen, dass soziale Handlungskoordinierungen zunehmend über marktwirtschaftliche sowie zweckrationale Beziehungsmuster erfolgen und Bindungen über selbstverständlich geltende Wert- und Orientierungsmuster zu einem knappen Gut werden lassen. Diltheys Anliegen lässt sich von daher als Versuch verstehen darzustellen, wie die im Prozess der »Reifung« traditionaler Gesellschaften sich lösenden Verbindungen zwischen Lebenszusammenhängen und Individuen auch über Erziehung wieder hergestellt werden können. Dies wird an dem Übergang der »heroischen« in die »Reifezeit« sichtbar.

Das Vorbild der »Reifezeit« für pädagogisches Denken

Als Zeit, »in welchem das Heroenzeitalter vorüber ist«, bezeichnet Dilthey die Zeit, in der »die Entwicklung der Gewerbe und des Bürgertums sich nun auf dem ungeheuren Terrain der neueren europäischen Völker vollzieht« (ebd., 117). Begleitet wird diese Entwicklung von Veränderungen des Wissenschafts- und Erziehungssystems, die Dilthey als »Verschmelzungsprozess der Kultur« (ebd.) begreift. Einen solchen sieht er auch bei den alten Völkern Griechenlands und Roms, sodass auch diese Völker über Reifezeitalter verfügen, obwohl dort vom Entstehen einer bürgerlichen Gesellschaft nicht die Rede sein kann. Deshalb spricht Dilthey davon, dass bei Griechen und Römern eine »analoge Epoche« vorhanden war.

Das antike Griechenland verlässt seinen heroischen kindlichen Zustand nach Dilthey auf Grund der Folgen der Perserkriege. Diese Kriege führten zur »Lockerung der politischen Ordnung«, zum Erwerb von geburtsunabhängigem Wohlstand, vor allem aber zu »intellektuellen Umwälzungen« (ebd., 33) in Athen ab Mitte des 5. Jahrhunderts. In den Sophisten sieht Dilthey die Vertreter eines kommenden Neuen, insofern sie den »skeptischen Geist« dieser Zeit vertreten. Sie problematisieren bisherige Erkenntnisformen und gewachsenes Ethos, bedienen den aufkommenden Ehrgeiz des Individuums und dessen Streben nach Reichtum, indem sie gegen hohe Bezahlung das Erlernen der »Kunst der Rede« zur pädagogischen Aufgabe machen. Denn diese Kunst verspricht dem Athener Erfolg in der Volksversammlung, bei Gerichtsverhandlungen und in militärischer Führung. Ein Privatunterrichtssystem wird installiert, das den Bedürfnissen und Interessen eines Publikums entspricht und auf der Höhe wissenschaftlichen Wissens steht, aber nach Dilthey gleichzeitig »den Niedergang des griechischen Lebens nur beschleunigt hat« (ebd., 35). Das sophistische Erziehungskonzept wirkt nämlich nur »zersetzend und depravierend«, geht es ihm doch nur um Nutzen oder Hilfestellung zur Erlangung von Macht.

Aber über »geniale« Gestalten wie Sokrates und Plato wird der Prozess des Niedergangs von Erziehung für Dilthey noch einmal für einige Zeit aufgehalten. Die sophistischen Problematisierungen und deren Konzept einer zeitgemäßen Bildung aufgreifend, suchen sie neue zentrale Erziehungsüberzeugungen dadurch zu gewinnen, dass sie »die höchsten Aufgaben der Erziehung und der wissenschaftlichen Forschung« (ebd., 39) miteinander verbinden. Dies gelingt ihnen so, dass sie nach Dilthey »einen wissenschaftlichen Fortschritt in der Entwicklung der Menschheit (vollbrachten, R.U.), der über die Trümmer der griechischen Staaten hinaus das geistige Leben aller Völker beeinflusst« (ebd.) hat. In Sokrates sieht Dilthey denjenigen, der über pädagogische Liebe »das Innerste der Jünglinge« (ebd., 38) zu erreichen suchte, der Bildung als dialogische Entfaltung von Wissen unter dem Anspruch von Wahrheit verstand und die Möglichkeit moralischen Handelns an den Erwerb ethisch-wahren Wissens band. Damit konnte Sokrates nach Dilthey mythische Begründungen von Paideia genau wie die Sophisten problematisieren, ohne aber deren Anliegen zu teilen, Erziehung an bloße Nützlichkeit für individuelle Lebenszwecke zu binden. Sokrates nämlich rekurrierte auf eine vernünftige »Ordnung des Kosmos« (ebd., 39) als Grundlage ethischen Lebens und Möglichkeit wissenschaftlichen Wissens. Erziehung hatte die Aufgabe, diese Ordnung durch dialogische Prüfverfahren aus dem Individuum selbst zu entwickeln und der »Vervollkommnung der Seele« (ebd.) zu dienen. »Kein radikalerer Gedanke« – sagt Dilthey – »kann gedacht werden«.

> *»Was das Gute, das Gesetz und die Aufgabe des Individuums sei, sollte nicht mehr eine Erziehung aus den Traditionen des Ganzen*

> *für das Individuum feststellen: aus seinem eigenen sittlichen Bewusstsein sollte es entwickeln, was ihm Gesetz sei.«* (Ebd.)

Dilthey sieht in diesem Gedanken und dem »persönlichen Zauber«, den Sokrates auf Jugendliche ausübte, die Genialität dieses Mannes. Plato ist für ihn derjenige, der diesen Zauber des Sokrates erlebte und dessen Philosophie aufgriff, um theoretisch und organisatorisch gegen den »schrankenlosen Individualismus« sowie gegen den Parteienkampf in Athen anzugehen. Er verstand nach Dilthey Erziehung als Teilsystem eines ständisch organisierten Idealstaates, in dem nur diejenigen Führungsfunktionen übernehmen durften, die über Vervollkommnung ihres Seelenlebens die Ordnung des Kosmos erfahren konnten und gelernt hatten, um des öffentlich Guten willen politisch zu handeln. In ausführlicher Interpretation der platonischen Schriften und in Vergleichen von dessen Akademiegründung mit der des Aristoteles und anderen Philosophenschulen beschreibt Dilthey die Vorbildhaftigkeit des platonischen Erziehungskonzeptes für seine Gegenwart. Sie liegt vor allem darin, dass Plato der Erziehung eine spezifische Stellung in der Politik zuschreibt und mit Psychologie verbindet. Die »schneidige Größe des platonischen Staatsideals lag darin, dass er alle Privatinteressen denen des Ganzen unterwarf«, sagt Dilthey und sieht in Plato einen Vorläufer des fichteschen Nationalerziehungsgedankens, der sich gegen »die Entwicklung eines schrankenlosen Individualismus und seine(n) verhängnisvollen Folgen für unsere eigene Nation« (ebd., 41) gerichtet hat. Platos Vorbildhaftigkeit hinsichtlich des Zusammenhangs von Politik und Pädagogik besteht darin, individuelle Entwicklungsförderung auf das Staatswohl hin zu konzentrieren, ist dabei allerdings – so Diltheys Kritik – zu »dorisch« orientiert, d.h., zu sehr daran interessiert, eine Elite zur Beherrschung von Unterworfenen über »familienlose, rein öffentliche« Erziehung heranzubilden. Zu »dorisch« bzw. zu »schneidig« ist für Dilthey auch Platos Staatsideal einer ständestaatlichen Ordnung von Gewerbetreibenden, Kriegern und Philosophen als den Regierenden, die über öffentliche Erziehung ihren jeweiligen Platz im Staat erhalten. Insofern sieht Dilthey in dem platonischen Staatsgedanken keine weiterführende Lösung, die eben darin besteht, den jeweiligen Ständen Seelenzustände wie »Begehren« für den gewerblichen Stand, »edler Mut« für den Kriegerstand und »denkende Vernunft« für die Regierenden zuzusprechen und eine entsprechende Sozialordnung abzuleiten. Vorbildlich aber ist für Dilthey der Erziehungsgedanke Platos, aus psychologischen Überlegungen zur Seelenstruktur ein Bildungskonzept zu entwerfen, das »im Individuum eine Harmonie der seelischen Kräfte« (ebd., 43) fördern will, den Höhepunkt von Entwicklung in der Beherrschung der philosophischen Wissenschaften sieht, die gleichzeitig eine an der Idee eines höchsten Guten orientierte Lebensweise in der Polis legitimiert. Vorbildlich ist Platos Erziehungskonzept, weil es besonderes Gewicht auf Förderung eines harmonischen Zusammenspiels von Seelenvermögen und auf den philosophischen Gedanken einer kosmischen Ordnung legt, aus der Organisation und Stufengang von Bildungsprozessen begründet werden.

Vorbildlich wird für Dilthey aber auch die organisatorische Leistung Platos sowie anderer bei der Gründung von Philosophenschulen. Gemeinsam mit »stoischen und epikuräischen« sowie aristotelischen Gründungen von Philosophenschulen wird die platonische Akademie nach Dilthey zum Mittelpunkt wissenschaftlicher Denkleistungen ihrer Zeit. Diese Schulen verstehen sich als »Organisationen der gemeinsamen wissenschaftlichen Arbeit« (ebd., 52) von leitenden Gelehrten, Mitforschenden und Lernenden. Es sind »Freunde (philoi), Genossen (hetairoi)« (ebd., 51), die sich zusammenfinden und durch Zusammenarbeit wissenschaftliche Leistungen vollbringen. Ihr Anliegen ist es, Wissen philosophisch zu durchdringen und als Teil eines Ganzen zu sehen. Platos Akademie zeichnet sich dabei nach Dilthey vor allem dadurch aus, dass Plato als deren leitender Gelehrter alle Wissensgebiete beherrschte sowie deren Einheitsgrund zu sehen vermochte und sich alle Mitglieder »vor dem königlichen Übergewicht seines Geistes« (ebd., 52) beugten, er es über »pädagogischen Enthusiasmus« verstand, sie auf die »Höhe seiner Betrachtungsweise« zu heben.

Der Fortschritt der Einzelwissenschaften machte jedoch nach Dilthey ab dem 4. Jahrhundert eine solche platonische Beherrschung allen Wissens und solche begeisternde Vermittlung von Wissen unmöglich. Im entstehenden Gedanken einer »enkyklios paideia« und in den späteren Philosophenschulen sieht er nurmehr den Abglanz platonischen Erziehungsdenkens. Diese Paideia unterstellt nur noch, dass es ein Wissen gibt, »welches von jedem Gebildeten verlangt werden muss« (ebd., 53). Die Philosophenschulen werden Stätten von Einzelforschung, in der Wissen um des Wissens selbst erworben wird, das seinen Zweck in sich selbst hat. Diese Veränderungen des Zusammenhangs von Philosophie und Einzelforschung und von Erziehungsideen gehen einher mit dem, was Dilthey den »Niedergang der Politien Griechenlands« nennt. Die Ursachen dafür sieht er in politischen, ethischen und begleitenden erzieherischen Aspekten.

Die griechischen Einzelpolitien bemühten sich demgemäß nicht um »stetigere Verfassungsverhältnisse«. Die politische Elite ging »in Politik oder im Krieg der Erwerbslust nach« (ebd., 57). Darüber hinaus wurde keine größere politische und militärische Einheit der Einzelpolitien über Bundesgenossenschaften hinaus entwickelt, sondern es kam im Gegenteil zum Gegensatz von Athen und Sparta, sodass Griechenland kein »lebenskräftiges Ganzes« (ebd.) werden konnte.

»Erwerbslust, List und gänzlicher Mangel an Gerechtigkeitsgefühl« (ebd.) wurden für Dilthey zum Grundanliegen griechischen Lebens und führten zur Zerstörung ihres Lebensethos. Die philosophischen Bemühungen von Sokrates, Plato, Aristoteles und anderen fanden gegenüber dem Fortschreiten solcher »politisch-bürgerlichen« Interessen ebenso wenig Gehör wie deren Erziehungskonzeptionen, die zudem selbst den Mangel hatten, familiale durch öffentliche Erziehung ersetzen zu wollen und dabei ein »freiwilliges Unterrichtswesen« (ebd., 58) zu präferieren.

Dilthey bezeichnet die Epoche der Reifezeit in Griechenland deshalb als eine solche, weil es dort zu veränderten Lebensbedingungen wie die der Veränderung von politischen Kräfteverhältnissen und die des Aufkommens geburtsunabhängigen Erwerbs von Wohlstand und zu Problematisierungen heroischer Lebensideale kommt. »Reif« wird diese Epoche vor allem dadurch, dass diese

Veränderungen durch große philosophische und erzieherische Entwürfe produktiv aufgegriffen werden, in denen Erhaltenswertes mit dem aufkommenden Neuen so verbunden wird, dass es zu neuer Einheitlichkeit heroischen Lebensgefühls mit entsprechenden Erziehungsordnungen kommt.

Ähnliches konstatiert Dilthey auch für die römische Reifezeit, die er als erste Hälfte des 2. Jahrhunderts v. Chr. mit einem Nachklang in der römischen Kaiserzeit datiert. Als zentrale Veränderungen der Lebensbedingungen hier sieht er den Aufstieg Roms zur dominanten Mittelmeermacht, das Aufkommen eines »Gegensatzes zwischen einer Klasse mit unermesslichen Reichtümern und einer besitzlosen« (ebd., 61), Luxus und Ethosverlust sowie Verschwierigungen von Politik, Kriegskunst und Rechtsprechung durch die Ausdehnung des Reiches. Dieser Verschwierigung konnte – wie er sagt – »nur durch eine Steigerung des Unterrichtssystems genügt werden« (ebd., 62).

Ähnlich wie in griechischer Reifezeit geschah dies nach Dilthey durch Trennung eines höheren von einem niederen Bildungssystem. Ausdrücklich sieht er diese Entwicklung in Griechenland und Rom als notwendig an. Denn er sieht in Sparta, das diese Trennung nicht vollzog, ein Negativbeispiel. Diese hätten nichts anderes erreicht »als Luxus und Sittenverderbnis ohne Kultur, Schlauheit ohne Rechtsgefühl und Weisheit« (ebd.). Außerdem ist für ihn »der stetige Fortschritt des Menschengeschlechts … allein gegründet auf den stetigen Fortschritt der Wissenschaft« (ebd.). Träger solchen Fortschritts aber waren nun einmal in Athen und Rom »die edelsten Geister«, die »vornehmen Geschlechter«.

Die römische Elite hatte nach Dilthey gegenüber der griechischen nun den Vorteil, auf die veränderten Lebensbedingungen nicht mit einem neuen Erziehungskonzept reagieren zu müssen, sondern sich des griechischen Vorbilds bedienen zu können. Die Übernahme griechischer Kultur, Wissenschaft und Unterrichtsformen geschah zwar nicht problemlos, sondern gegen den Widerstand beharrender Kräfte wie der des Cato, führte aber in Rom letztlich zu eigener höherer Entwicklung. Dilthey zeigt einerseits »den Siegeslauf der griechischen Zivilisation« (ebd., 64) an römischen Unterrichtsformen und -inhalten, an Literatur- und Wissenschaftsfortschritt. Andererseits sucht er die reflexiven Differenzen und Abwandlungen herauszuarbeiten, die römische Erziehungstheoretiker an den großen Vorbildern Plato, Aristoteles u.a. vornehmen. An den Variationen der römischen Rezeption der griechischen Paideia etwa sieht er vor allem die Vorteile, dass öffentliche Erziehung erst nach familialer begann, dass nach Verlassen der Schule »zunächst … praktische Gewöhnungen des künftigen Berufs« (ebd., 67) verlangt wurden, dass in der Kaiserzeit Erziehung nicht als öffentliche Privat-, sondern Staatserziehung verstanden wurde, vor allem aber dass die Römer das Erziehungsideal »humanitas« als »eruditio und institutio in bonas artes« auszuformulieren verstanden. In diesem Ziel der Erziehung – sagt Dilthey –

> *»ist die Tüchtigkeit des römischen Bürgers, verklärt durch die humanitas, das neue weltbürgerliche Bewußtsein. In den Erziehungsmitteln sind nun römische Geschichte, Altertümer Roms, römische Sprache und römisches Recht ebenso wichtig als die Philosophie, welche man den Griechen verdankt und deren Gesichtskreis der des Universums ist. Ein Bewusstsein soll durch die Erziehung hergestellt werden, in welchem universelle physikalische Betrachtungsweise und Erkenntnis … über die geschichtlich erwachsene und politisch gegebene Auffassung des Individuums«* (ebd., 71f.) sich verbinden.

»Mustergültig« formuliert Cicero nach Dilthey die römische Auffassung von Erziehung, wenn dieser unter Bezug auf Plato und Aristoteles die Entwicklung »der allgemein menschlichen Natur« und der Eigentümlichkeit der »menschlichen Individualität« (ebd., 70) als gleichzeitige Aufgabe von Erziehung begreift. Ciceros Konzept der Ausbildung des »Redner-Staatsmanns« als Ausformulierung dieser Erziehungsaufgabe verlangt nach einer Ausbildung, die »die Schärfe des Dialektikers, die Gedanken des Philosophen, die Ausdrucksweise des Dichters, das Gedächtnis des Juristen, die Stimme und Bewegung des tragischen Schauspielers« (ebd.) zu ihrem Anliegen macht. Für Dilthey ist dieses Konzept besonders bedeutsam, weil Cicero wie Plato dieses Konzept in Verbindung mit Überlegungen zu einem »vollkommenen Staat«, einem »Musterstaat«, einem »Idealstaat« (ebd.) erörtert, dem er die Erziehungsaufgabe politisch zuordnet.

Diese »große historisch-politische Betrachtungsweise von Plato, Aristoteles, Polybios und Cicero« (ebd., 75) geht nach Dilthey in der Kaiserzeit ebenso unter wie der »Kern einer einheitlichen (die Erziehung, R.U.) begründenden Überzeugung« (ebd., 77), insofern in der Kaiserzeit der Fortschritt von Philosophie, vor allem aber der politischen Wissenschaften »gehemmt« und pädagogische Fragen als Fragen von »Erziehungsregeln« (ebd., 87) behandelt wurden. Der Vorteil, dass in dieser Zeit ein staatlich beaufsichtigtes einheitliches Unterrichtswesen angestrebt und in den Provinzen Universitäten eingerichtet wurden, konnte nach Dilthey den Nachteil des Verlustes nicht ausgleichen, dass Erziehungstheorie nicht das Unterrichtssystem reflektierte, sondern nur Unterrichtskönnen thematisierte. Dilthey folgert daraus:

> *»Man kann sagen, dass diese Verschiebung des Gegenstandes der Pädagogik von da ab blieb und bis auf diesen Tag nicht überwunden ist. Es ist heute Aufgabe der Pädagogik, mit den Mitteln der entwickelteren Wissenschaft unter dem großen politischen Gesichtspunkt von Plato und Aristoteles die Theorie des Unterrichtswesens zu entwerfen.«* (Ebd.)

Zu einem ähnlichen Schluss kommt Dilthey auch bei der Betrachtung der Geschichte der Erziehung in der »Reifezeit« der modernen europäischen Völker. Sie fasst er als Entstehungszeit des »modernen« Menschen mit dem Beginn durch humanistische Bewegungen sowie Renaissance in Oberitalien und durch die Reformation. Wie in Griechenland und Rom erfolgt der Übergang der Heroenzeit in die neue Zeit durch »Auflösung« fester Ordnungen. »Die festen Verbände des Mittelalters« – sagt Dilthey – »unter Kaiser und Papst lösen sich, Städte und Fürstenhöfe gestatten dem Individuum freie Entfaltung. Handel und Industrie schaffen die Bedingungen eines von der Kirche unabhängigen geistigen Lebens« (ebd., 125). Wie die römische Elite zuvor die griechische Kultur, rezipiert nun die führende Schicht der Renaissance antike Wissenschafts- sowie Erziehungstraditionen und wandelt sie um. Dieser Prozess der Reifezeit hier zeigt für Dilthey gegenüber der römischen Zeit zwei Besonderheiten.

Erstens sieht er das Aufkommen nationaler Unterschiede in Erziehungsauffassungen dieser Zeit, die durch eine »Ketten«- Bildung der Rezeption und Wandlung antiker Erziehungsauffassungen zu Stande kommt. Diese Kette besteht für ihn einerseits in geografischen Verläufen von Italien, über die Niederlande nach Deutschland bzw. von Italien über Frankreich nach England. Andererseits fasst er sie als Nacheinander des Aufgreifens von Überlegungen durch verschiedene Autoren auf.

Zweitens spricht er der Verbindung von Humanismus und lutherischer Reformation einen besonderen, einen »epochemachenden« (ebd., 142) Stellenwert für die Fortentwicklung von Organisation und Theorie des höheren Schulwesens zu.

Beide Aspekte aufgreifend, sieht er in den pädagogischen Konzepten und Schulreformen der Lutherzeit sozusagen die besondere »Reifezeit« der protestantischen Staaten entstehen. In diesen findet er die »beseelende Energie« von Religiosität und nicht von Dogmentreue, die »Zusammenfassung religiöser, wissenschaftlicher, sittlicher, erzieherischer Kräfte, wie sie nie vorher in der Welt gewesen ist« (ebd., 143). In dieser Atmosphäre entstehen für Dilthey Grundpfeiler pädagogischen Denkens wie die, dass Rechtshoheit über und die Pflicht zu Erziehung von Kindern gleicherweise »die Eltern, die weltlichen Obrigkeiten und die kirchlichen Anstalten« (ebd.) erhalten, dass »die griechische Welt in ihrer Totalität« (ebd., 144) entdeckt wird, dass es zu einem Zusammenwirken »von Kirchen- und Schulämtern, von Reformatoren und Humanisten, von Universitäten und Gymnasien« (ebd., 145) kommt und dass »gottbegnadeten« Pädagogen Raum für Experimente gegeben wird, »sich durch die Kunst der Liebe dem Kind anzunähern« (ebd.). Diese Verbindung humanistisch-reformatorischer Erziehungskonzeption ist für Dilthey in Italien, Spanien, Frankreich und England so nicht gegeben. Daher gibt es für ihn »nicht **ein** modernes Erziehungsideal«, kein »modernes europäisches Schema« von Erziehung, sondern nur die »Gemeinsamkeit der europäischen Wissenschaft«, zu der »aber jede Nation innerhalb dieses Organismus eine eigentümliche höchste Leistungsfähigkeit und einen eigenen Charakter entwickelt« (ebd., 157).

Die »Gemeinsamkeit der europäischen Wissenschaft« bei aller Differenz nationaler Erziehung ist für Dilthey vor allem durch das, was er die »große Epoche der Poesie« (ebd., 156) nennt, durch das 17. Jahrhundert, zu Stande gekommen. Poetisch ist diese Zeit, weil es zu einer Darstellung von Welt kommt, die unabhängig von religiösen und politischen Bindungen ist. Hier löst sich Wissenschaft von religiösen und metaphysischen Einheitsüberlegungen zu Gunsten einer gemeinsamen »Struktur der intellektuellen Arbeit« (ebd., 157). Diese besteht in der Methodik der Wissenssuche als Kennzeichen von Forschung. Dieser Entwicklung des Wissenschaftssystems folgend, wird Pädagogik im 17. Jahrhundert als Didaktik und Methodenlehre konzipiert, deren »schöpferischer Kopf« (ebd., 158) für Dilthey Comenius war. Dessen pädagogische Entdeckungen wie die Vorschläge zur Kombination von wissenschaftlichen Wahrheiten mit dem Gang von Unterricht, dessen Forderungen an Schulorganisation, Unterrichtsmethodik und an das Verhältnis von Sprach- und Realunterricht sind für Dilthey zwar von »tiefstem Wert« (ebd., 163), aber über seine Philosophie der »Pansophie« unzureichend begründet. »Diese Begründung der Didaktik« – sagt Dilthey – »war praktisch sehr wirksam, aber sie ist einer allgemein gültigen Behandlung nicht fähig« (ebd., 164).

Insgesamt gilt dies nach Dilthey für die »allgemein gültige Didaktik des 17. Jahrhunderts« (ebd., 169) und auch die des 18. Jahrhunderts, weil sie »ein Teil des natürlichen Systems der Zweckzusammenhänge der Gesellschaft« (ebd., 169) darstellen. Damit bezeichnet er alle Versuche, soziale Ordnungen und moralische, religiöse sowie ästhetische Prinzipien und Normen aus einer vernunftbestimmten menschlichen Natur abzuleiten.

Dilthey beginnt seine Systematische Pädagogik mit einer Kritik solcher naturtheoretischer Ansätze, wobei er Momente dieses neuen Denkens wie die erfahrungswissenschaftliche Behandlung des

Didaktik- und Methodenproblems bzw. des Erziehungsproblems generell durch aufklärerische Pädagogik aufgreift und neu zu begründen sucht. Diese Neubegründung aber ist in mehrfacher Hinsicht ein Rückgriff, vor allem auf die »Reifezeit« pädagogischer Geschichte. Sie belehrt ihn vor allem, dass Platos und Ciceros Grundgedanken nicht nur deshalb wert sind, aufgegriffen zu werden, weil sie auch von der Reifezeit der modernen Völker aufgegriffen wurden, sondern weil sie Erziehung psychologisch und sozialphilosophisch thematisierten. Einerseits galt ihr Interesse an Erziehung der Bewahrung heroischen Lebensgefühls und andererseits der Anpassung an neue Lebensbedingungen. Ihre Erziehungsideale waren Ausdruck des Versuches, eine durch Individualisierungsprozesse verloren gegangene Harmonie zwischen ethisch bestimmtem individuellem und staatlichem Leben herzustellen, indem sie dem bloßen Interesse ihrer Zeit an einer an Nutzen für Fortkommen und Lebenserfolg orientierten Erziehung ebenso entgegentraten wie einer nicht-moralisch konnotierten Staatsidee.

Eine so verstandene Pädagogik, die erhaltenswertes Ethos und Wissenschaftsfortschritt miteinander verbindet, wird zu Diltheys Vorbild. Dass Dilthey moralische Erziehung vor allem als Sozialerziehung durch das Erleben von Gemeinschaftsbindungen und Verpflichtungen auffasst, ist von antiker Ethosphilosophie bestimmt, wonach derjenige »gut« ist, der ein »guter Bürger«, mithin dem Kodex seiner Lebensordnung verpflichtet ist. Dass Dilthey sein Erziehungsverständnis vom Gedanken paternalistischer Herrschaft her entwickelt, entspricht einerseits seiner Interpretation platonischer Erziehungsdefinition und andererseits seiner Überzeugung von der besonderen »Reife« des Erziehungsverständnisses der modernen protestantischen Staaten. So heißt es bei ihm:

> *»Erziehung definierte Plato als die Leitung und Führung der Jugend zu der von den Gesetzen vorgeschriebenen und von den ältesten und trefflichsten Männern gutgeheißenen Lebensweise, die in der Jugend die Gesinnungen erzeugt, welche von ihr, wenn sie erwachsen ist, gebilligt werden können.«* (Ebd., 42)

> »*So liegt das erste Moment, welche das Wesen des Unterrichtssystems in den protestantischen Staaten charakterisiert, in der Abhängigkeit der Unterrichtsanstalten von den städtischen oder staatlichen Obrigkeiten. Hierdurch unterscheidet es sich von dem Unterrichtswesen des Altertums und des Mittelalters. Die Inhaber des Rechtes auf Erziehung des künftigen Geschlechtes sind in der europäischen Geschichte die Eltern, die weltlichen Obrigkeiten und die kirchlichen Anstalten. Wie das Kind die Möglichkeit seiner Existenz und Entfaltung seinen Eltern verdankt, zugleich doch aber auch dem politischen Ganzen, das ihm die Möglichkeit seiner Entwicklung gewährt, entsteht hieraus das Recht beider Seiten auf seine Erziehung.*« (Ebd., 143)

Dilthey greift darüber hinaus seine eigene Lesart des »Zaubers« von Sokrates, die platonische Idee des pädagogischen Eros und die Erziehungsidee der protestantischen Staaten auf, sich mit Liebe dem Kind zu nähern, wenn er verlangt, dass Erziehung als paternalistische Herrschaft in Face-to-Face-Situationen charismatische Züge anzunehmen hat. Gerade die »reifen« Vertreter von Konzepten von Erziehung, die er besonders schätzt, zeigen für ihn enthusiasmierendes und faszinierendes Lehrverhalten bzw. wenden sich dem Heranwachsenden in Liebe zu. So ruft Dilthey geradezu begeistert aus: »Wie groß war der Zauber, den (Sokrates, R.U.) ausübte!« So spricht er von Platos Erziehungserfolgen mit den Worten: »Ein Zeugnis der Vertiefung in die Seelen der Zöglinge in seiner Schule sind die bewundernswürdigen Jünglingstypen, welche Plato entworfen hat.« (Ebd., 38) Es ist die Faszination, die Vorbilder auf Dilthey selbst ausüben, welche ihn veranlasst, der charismatischen Herrschaft so viel Bedeutung für Bildungsprozesse zu geben. Auch in seiner akademischen Biografie hatten Lehrpersönlichkeiten eine besondere Bildungsbedeutung für ihn (vgl. Thöny-Schwyn 1997, 15f.).

Diltheys Zusprechung der besonderen »Reife« der protestantischen Staaten enthält ebenfalls Hinweise auf begeisternd-liebevolle Zuwendung zu Heranwachsenden, darüber hinaus aber noch weitere Akzente dessen, was er für erzieherisch bedeutsam hält. Er beschreibt diese Zeit als Zeit der Bewegung und des Engagements vieler für Erziehungsaufgaben, als Zeit eines theoretischen, administrativen und praktischen Ineinanderwirkens von Interessierten für diese Aufgabe. Diesen Interessierten geht es vor allem um Anpassung des Erziehungssystems an neue Formen von Wissenschaft, Kultur und Religiosität, nicht um die Frage, wie individuelle Macht- und Erwerbsinteressen über Erziehung bedient werden können. Sie orientieren sich mit der Rezeption humanistischer Traditionen in Verbindung mit reformatorischem Elan an nicht-materialistischen Lebenszwecken. Genau dies ist es, was eine »Bewegung« als ethisch motivierte »beseelte« Lebenskultur auszeichnet, die ein Ineinanderwirken ermöglicht. Nur »beseelende Energie« (ebd., 143), so die Auffassung Diltheys und vieler seiner Zeit, kann dem »entseelenden« Modernisierungsprozess von Industrialisierung und Rationalisierung des Lebens entgegentreten.

Abgeschwächt stellen sich nach Dilthey auch aufklärerische Erziehungsauffassungen in der Form einer Bewegung dar, wenn er von deren »ungeheurer Begeisterung für die pädagogische Erfahrung« (ebd., 170) spricht. Doch ist der Enthusiasmus dieser Richtung für ihn auf experimentellen Erfahrungsgewinn und Rezeption neuen Verständnisses von Wissenschaft für Erziehungszwecke begrenzt. Deren Konzentration auf Erziehungs- als didaktische und methodische Fragen sowie deren naturtheoretische Orientierung sind für Dilthey auf Grund seiner Beschäftigung mit der Geschichte der Erziehung in dreifacher Hinsicht defizitär. Erstens werden sie der besonderen Reifezeit der modernen europäischen Völker nicht gerecht, insofern sie universale Erziehungsideale zu formulieren suchen und nicht sehen, dass der geschichtliche Prozess Besonderheiten nationaler Erziehung hervorgebracht hat. Zweitens thematisieren sie Pädagogik nicht im Sinne der historischen Schule als Teil von geschichtlichen Lebensbedingungen, -bedürfnissen und -idealen, beschreiben Erziehung nicht historisch und kulturtheoretisch als »Funktion von Gesellschaft«, sondern beschränken sich auf Didaktik und Methodik als Kern von naturtheoretischen Erziehungsüberlegungen. Drittens ist es ihnen auf Grund der beiden Defizite nicht möglich, über eine historische Analyse der Gestaltveränderungen des Erziehungssystems in seiner Verbindung mit umgebender Kultur »vorsichtig, einsichtig das vorhandene System mit den Bedürfnissen auszugleichen«. Denn – so die Konsequenz Diltheys aus seiner Beschäftigung mit der Geschichte der Pädagogik insgesamt – »Reform, nicht radikale revolutionäre Veränderung ist die aus ihrem Verfahren hervorgehende Leistung« (ebd., 179). Genau dies aber ist sein Anliegen, über eine Systematische Pädagogik mit den Mitteln einer zu seiner Zeit modernen anthropologischen Psychologie, modernen Kulturtheorie und wissenschaftlichen Didaktik sowie Methodik mit zu helfen, das Erziehungsideal der Reifezeit zu realisieren, nämlich:

> *»das feste Gefüge von Sitte, Gemütsleben und Ideenwelt, welches die erhaltende Kraft in einer Nation ist, zum Mittelpunkt des Gemütslebens der heranwachsenden Menschen zu machen. Hierdurch ist Erziehung zu einer erhaltenden Macht für Volk und Staat geworden.«* (Ebd., 19)

Die Lebenskräfte von Völkern und Nationen liegen für Dilthey einerseits im Erhalt eines heroischen beseelenden Ethos und andererseits im Wissenschaftsfortschritt. Beides will er aufeinander beziehen, wenn er psychologisch immer wieder das Ineinanderübergehen von Triebregungen, Gefühlskreisen und Wollen, von kognitivem Anschauen und logischen Operationen sowie das Verwobensein psychischer Kräfte mit umgebender Kultur thematisiert und nach deren »elementaren« Bindungen sucht. Diltheys Versuch einer Systematischen Pädagogik kann damit insofern als Konsequenz seiner »Erfahrung« bei der Behandlung der Geschichte der Pädagogik gelesen werden, als sie ihm Gefährdungen von Modernisierungsprozessen seiner Zeit, aber auch deren pädagogisch anzugehende Lösungswege zeigt: Das moderne Individuum ist dasjenige, das die festen Bindungen der heroischen Würde der Zugehörigkeit zu seinen Lebensbedingungen und -idealen verloren hat und diese über neue beseelende Lebensideale als »souveränes« Subjekt wiedergewinnen soll.

Zur bildungsphilosophischen Akzentuierung der Pädagogik Diltheys

Die Verbindung von universal- und kulturgeschichtlich angelegter Betrachtung von Erziehung, bei der Dilthey Kulturzustände mit Lebensaltern parallel setzt und der »Jugend-« als »Heroenzeit«, aber auch der »Reifezeit« einen besonderen Stellenwert zuschreibt, ist – wie der Dilthey-Interpret Thielen (1999, 236) schreibt – »folgenreicher, als es zunächst den Anschein hat«. Der Autor sieht in solcher Epocheneinteilung das Anliegen Diltheys, »Rückschlüsse auf den Verlauf historischer Entwicklungen zu ziehen« (ebd.), »geschichtliche Einheiten von ›Volk‹ und ›Nation‹« (ebd., 237) hervorzuheben und den Gedanken von »Kulturnation« als »Lebens-«, »Abstammungs-« und »Kulturgemeinschaft« zu vertreten. Damit verbunden sind persönliche Ansichten Diltheys zum »deutschen Nationalgeist«, wenn er sich metaphorisch und mystisch zur »Tiefe, Ursprünglichkeit, Reinheit, Kraft und Größe« (ebd., 240) des deutschen Denkens, Dichtens und Wirkens äußert. Auf diesem Hintergrund wird für Dilthey die Einbindung in das »geistige Leben eines Volkes« zum notwendigen »›Erbteil‹ für künftige Generationen« (ebd., 238), mithin zur besonderen Aufgabe eines nationalen Erziehungswesens. Diltheys allgemeine Hinweise auf die Aufgabe seiner Zeit, die Jugend in »das feste Gefüge von Sitte, Gemütsleben und Ideenwelt« zu integrieren, bedeuten dann auch, einer von benachbarten Nationen sich abhebenden deutschen Erziehung das Wort zu reden.

Bei Hintanstellung dieser Akzentuierung liegt das Folgenreiche der Epocheneinteilung im historischen Teil der historisch-systematischen Pädagogik Diltheys darin, in der Einheitlichkeit von Lebensbedingungen und Lebensidealen, wie es die »Jugendzeit« der Völker zeigt, eine positive Utopie für das Geschäft der Erziehung zu sehen. Daraus folgt der Ansatz, Förderung von Entwicklung als Förderung des Ineinandergreifens von Seelenleben und umgebender Kultur aufzufassen und dem »Elementarischen« der Verbindungen einen besonderen Stellenwert zuzuschreiben. Der universalgeschichtliche Ansatz vom Fortschreiten der »Jugend-« über die »Reifezeit« zu einer »alternden Welt« führt dazu, gesamtgesellschaftliche Entwicklung als Verlust von Einheitlichkeit hin zu Vielheit, mithin kulturkritisch zu lesen. Da Dilthey aber andererseits kulturgeschichtlich die einzelnen Kultursysteme auf Grund ihrer Tendenz zur Bildung von Zweckzusammenhängen als Motoren von Entwicklung und Steigerung sieht, kann er diesen Systemen die Aufgabe von Bildung als Höherentwicklung der Gattung zusprechen. Gerade die Nähe des Erziehungssystems zu Fortschritt der Wissenschaften, der Kunst und Philosophie bietet die Möglichkeit, im Rückgriff auf die Utopie der »Heroenzeit« die Strukturen, Formen und Funktionen des Systems als dann sich vervollkommnend wahrzunehmen, wenn ihr Ineinandergreifen gefördert wird. Erziehung des Menschen kann als Ermöglichung von Bildung im Sinne von Höherentwicklung und Steigerung gedacht werden, weil Dilthey in den einzelnen Kultursystemen einerseits die Steigerung der freien Entfaltung individuellen Lebens und andererseits dessen Integration in jeweilige kulturelle Zweckzusammenhänge angelegt sieht.

Der Bildungsgedanke Diltheys ist also an eine rückwärts gewandte Utopie der Harmonie von Lebensbedingungen, -bedürfnissen und -idealen als Ideal eines Erziehungssystems im Sinne der griechischen Paideia und an den kulturtheoretischen Gedanken des Fortschritts von Kultursystemen gebunden. Erst die Verbindung dieser beiden Momente ermöglicht es, den wechselseitigen Bezug der Entwicklung individuellen Lebens und kultureller Systeme als einen Prozess der Steigerung von Ich und Welt, mithin als Bildung, als Höherentwicklung und nicht als bloße Veränderung oder Lernen von Menschen und Systemen zu begreifen. Im Individuum die Möglichkeit der Potenz zu Selbststeigerung mit dem Richtungssinn des Gewinns von Souveränität zu sehen bedeutet bildungstheoretisch, von der Annahme auszugehen, dass es dem

Erziehungs- als reflexiv angeleitetem Kultursystem möglich sein muss, die Qualität menschlichen Lebens und kultureller Entwicklung zu steigern. Das heißt, Erziehung kann auf ein Verständnis der Förderung von Bildung verpflichtet werden, wie es im klassischen Bild von Bildung, dem Höhlengleichnis, gezeigt wird. In einer Höhle sich befindende Menschen, gezwungen, nur Schatten auf der Höhlenwand zu sehen, können »hinauf« zum Licht gebracht werden, um Welt wirklich zu schauen.

Dieses Anliegen der historisch-systematischen Pädagogik Diltheys steht in Nähe und Kollision zu heutigen kulturtheoretischen und bildungsphilosophischen Annahmen zum Gedanken der Möglichkeit einer Bildung des Subjekts, einer Höherentwicklung des Individuums, wie ein Vergleich mit soziologisch-systemtheoretischer, kulturkritischer und so genannter »postmoderner« Bildungstheorie zeigt.

Der soziologische Systemtheoretiker Luhmann (1989, 171) bezeichnet bildungstheoretisches Denken seit der Moderne oder – wie er auch sagt – seit dem Übergang einer vormodernen »stratifikatorisch« organisierten zu einer modernen »funktional« differenzierten Gesellschaft als an einer Semantik von »Inklusionsformeln« orientiert. Bildungstheorie reagiert damit auf Veränderungen von Gesellschaft seit der Moderne, die sich vor allem in zunehmenden Ausdifferenzierungsprozessen von sozialen Systemen durch Differenzbildung und selbstreferenziellen und autopoietischen Bezug aufeinander zeigen. Das Ich der Moderne zeichnet sich nicht mehr wie in der Vormoderne durch Zugehörigkeit zu anderen, zu Gemeinschaft aus, sondern durch eine Differenz zu anderen, sodass Vergesellschaftung und gleichzeitige Betonung der Individuiertheit zur Aufgabe des modernen Ego wird. Dieses moderne Ich ist dabei seinerseits kein »subjektum«, kein zu Grunde liegendes Gegebenes, sondern ein Aufgegebenes, ein seine eigene Perfektibilität Suchendes. Moderne Bildungstheorie sucht diese Aufgaben des Ich zu begreifen, nämlich sich selbst zu steigern, dabei Teil von Mitgliedschaften sozialer Systeme zu werden und seine Besonderheit zu bewahren, indem sie Prozesse des Strebens und Werdens als »Inklusions-«, als »Versöhnungsaufgabe« der wechselseitigen Einbindung des Ich in Welt und der Welt in das Ich als Bildung begreift und Perfektionierung beider erhofft. Nach Luhmann (ebd., 251) jedoch ist diese »Versöhnungssemantik« der Bildungstheorie der Moderne durch »Differenzsemantik« abzulösen. Das moderne Ich kann nicht mehr als sich bildend im Sinne von sich steigernd begriffen, sondern nur noch als durch Differenzerfahrung zu anderen und zu sozialen Systemen sich verändernd gesehen werden. Die Leitidee einer »Steigerung von Individualität« (ebd., 229) ist aufzugeben und der Begriff der »Bildung« durch den des »Lernens« zu ersetzen, wenn »Bildung« eng im Sinne eines Perfektionsanspruchs gelesen wird und nicht als »Wortwucherung« ohne besondere Bedeutung. Sowohl die Ausdifferenzierungsprozesse sozialer Systeme als auch die Inklusion von Individuen in soziale Systeme sind nach Luhmann nicht mehr als Vervollkommungsprozesse zu verstehen und damit nicht mehr als Bildungsprozesse beschreibbar. Systemtheoretisch betrachtet, trifft nämlich ein autopoietisch agierendes Subjekt auf selbstreferenzielle soziale, kulturelle Systeme. Beide verarbeiten gemäß eigener Operationslogik die jeweilig durch den Kontakt erzeugten Außenreize und verändern sich. Das Ich wird dadurch »selbsttransitorisch«, die sozialen Systeme erhalten evolutive Momente. Aber solche Veränderungen führen nicht zu einem Telos für das Ich, sei es Autonomie oder – wie bei Dilthey – Souveränität, sondern nur zu »Selbstsozialisation« über Differenzerfahrungen und Selbstselektionen, die das Ich im Kontakt mit anderen und mit sozialen Systemen vornimmt.

Obwohl Dilthey in seinen pädagogischen Überlegungen – wenn auch in anderer Sprache – den systemtheoretischen Grundgedanken der wechselseitigen Beeinflussung von personalen und sozialen Systemen teilt, ist für ihn der klassische bildungstheoretische Ansatz der Inklusion des Ich in übergreifende Gemeinsamkeit und der Gedanke des Vervollkommnungsanspruchs unhintergehbar. Pädagogische Reflexion heißt für ihn Suche nach einer Förderung der Verbindung von Individuen in höherstufigen Intersubjektivitätsbeziehungen zu anderen. Tendenziell steht er damit bildungstheoretischen Optionen von Modernetheoretikern wie Habermas und Honneth (vgl. Uhle 1993, 60ff.) nahe. Diese konstatieren wie

Luhmann seit Beginn der Moderne zunehmende Ausdifferenzierungsprozesse von Gesellschaft, Verselbstständigungen von kulturellen Systemen und Regulierungen sozialer Beziehungen durch Medien wie Geld, Macht sowie Recht, und sehen Ich-Entwicklung als sozialisatorische Veränderung durch Differenzerfahrung zu Gesellschaft. Dennoch halten beide an der Aufklärungsidee »vernünftiger«, d.h. hier »kommunikativer« Sozialbeziehungen und prinzipiengeleiteter Handlungsautonomie von Individuen fest. Für sie besteht die bildungstheoretische Reflexionsaufgabe darin, entwicklungstheoretische Bestimmungen der Möglichkeit und Gefährdung des Werdens von Individuen auf Ich-Identität hin zu geben und »entgegenkommenden Lebensformen«, qualitätsvolle kulturelle Angebote, zu benennen, durch die vielleicht nicht Höherentwicklung gefördert, wohl aber einer »Verarmung« von Selbstsozialisation und sozialem Leben entgegengewirkt werden kann.

Diltheys Anspruch an pädagogische Reflexion ist tendenziell ähnlich, allerdings emphatischer, wenn er der Pädagogik die Aufgabe zuspricht, nicht nur dem Misslingen von Entwicklung entgegenzutreten, sondern Höherentwicklungspotenziale zu fördern, indem der von ihm konstatierten »Teleologie des Seelenlebens« und der Genese von kulturellen »Zweckzusammenhängen« Rechnung getragen wird.

Die bildungstheoretische Option Diltheys für das, was nach Luhmann als Inklusions- und Versöhnungssemantik zu bezeichnen ist, bedeutet gleichzeitig eine Absage an Gedanken von Bildung, wie sie in so genannten »postmodernen« Bildungskonzepten entwickelt werden. Mit Lyotard (1986, 96ff.) lässt sich Diltheys Pädagogik-Konzeption als an »Metaerzählungen« orientiert auffassen, die einer Bildung des Ich und von Welt durch Wissenschaft, durch eine Teleologie des Geistes und eine Hermeneutik des Sinns das Wort reden, aber der Transformation der Gesellschaft durch Veränderungen in Wissenschaft, Technik, Kunst, Politik und Alltagsleben vor allem aufgrund der Entstehung von Systemen der Informationsverarbeitung nicht mehr gerecht werden. Wohl der Erwerb von Qualifikation, nicht aber Bildung, ist nach Lyotard den Menschen möglich, weil dem in den Metaerzählungen formulierten Fortschrittsgedanken kein Glaube mehr zu schenken ist.

Dies bedeutet die generelle Absage an das, was der diltheyschen Pädagogik-Konzeption zu Grunde liegt: Überwindung von Pluralität, Fremdheit, Differenz und Heterogenität zu Gunsten von Einheit des Ineinanderwirkens von Seelenleben und kulturellen Systemen. Denn die Notwendigkeit der Akzeptanz sozialer und kultureller Pluralität, inkommensurabler und heterogener Lebensformen ergibt sich, wenn Einheitsdenken durch keine bisherigen übergreifenden diskursiven Legitimationen (»Metaerzählungen«) begründbar ist. In vielfältigen Rezeptionen solcher und anderer »postmoderner« Philosophie werden in gegenwärtigen pädagogischen Reflexionen Lehrprozesse als Ermöglichung von Lernformen der Anerkennung von und des Umgangs mit Vielheit, Diversität, Kontroversität, Fremdheit, Diskontinuität, Ambivalenz und Irritation aufgefasst. Wenn dieses Lehren als bildend ausgezeichnet wird, dann nicht mehr im Sinne einer Höherbildung, sondern als Befähigung zum gekonnten Umgang mit Brüchen und Divergenzen, weil Einheitlichkeit auf Grund der Akzeptanz der Pluralität von Wissensformen kein Bildungsideal mehr sein kann. Selbst wenn innerhalb der verschiedenen postmodernen Konzepte auch der Gedanke einer »transversalen Vernunft« (Welsch 1988, 295ff.) als Einheit der Vielheit der Vernunft, als Fähigkeit der Verbindung und des Übergangs zu pluralen Wissensformen vertreten wird, dann heißt auch dies nicht, dass für Bildung ein Telos im Sinne einer Vervollkommnungsaufgabe des Ich gegeben ist. Denn diese Fähigkeit wird nicht als zu entwickelndes Zentrum zur Vereinheitlichung von Erleben und Erfahrung wahrgenommen, sondern als Kompetenz zu multiplen Reaktionen des Ich. Einheitlichkeit des operativen Umgangs mit Welt, die Dilthey über den Aufbau eines »erworbenen Zusammenhangs des Seelenlebens« sucht, indem er von Lehren die Ermöglichung einer Integration von spielender, sinnlich-anschauender, gedächtnismäßiger und logischer Relationierung von Allgemeinem und Besonderem erwartet und damit der Synthesis-Leistung von Wissen das Wort redet, kann in postmodernem Qualifizierungsverständnis ebenso wenig erwartet werden wie die diltheysche Forderung an Lehrpläne, einem Vereinheitlichungsprinzip zu folgen. Denn die postmoderne Forderung nach einer Nicht-Integration von Vielheit widerspricht fundamental dem diltheyschen Pädagogik-Konzept, über elementare Verknüpfungen das Ineinandergreifen komplexen Seelenlebens mit pluralen Wissensformen zu bestimmen.

Ähnlichen Widerspruch findet auch das Anliegen Diltheys, in »Charakterstärke« und »Souveränität« des Ich das Telos persönlicher Bildung zu sehen. Wenn heute bildungstheoretisch auf Kulturtheorien rekurriert wird, die die Modernisierung von Gesellschaft zum Gegenstand haben, dann wird nicht nur Pluralismus von Lebensformen, sondern auch die so genannte »Individualisierung« der Gesellschaft, wie sie vor allem der Soziologe Beck (1986) thematisiert hat, zum Problem von Ich-Bildungsprozessen. Das Individualisierungstheorem besagt nämlich, dass sich Zugehörigkeiten des Ich zu Gesellungen zunehmend verflüssigen, Freiheits- und Selbstbestimmungsoptionen der Individuen bei gleichzeitiger zunehmender Abhängigkeit von sozialen Systemleistungen sich erhöhen und Selbstsozialisation angesichts pluraler und heterogener Optionsmöglichkeiten und vielfältiger institutionalisierter wie kultureller Erwartungen an das Ich schwierig wird. Das Persönlichkeitsideal des Ich-starken, Ich-kontrollierten, mit sich selbst identischen Subjekts wird problematisch (vgl. Uhle 1995, 72ff.) Auf diesem Hintergrund ist bildungstheoretisch häufig statt von Ich-Identität als Bildungsideal von »fragmentarischer Identität«, »kontingentem Selbst«, »fragiler Subjektivität« die Rede, womit zum Ausdruck gebracht wird, dass Selbstsozialisation nicht mehr unter den Anspruch einer bildenden Entwicklung zu höherstufiger Integration von Selbstkontrolle und Fremderwartungen gestellt werden kann. Diltheys Vorstellung vom souveränen Individuum mit »Charakter« als Telos von Entwicklung, dem es gelingt, seine Seelenkräfte zu konzentrieren und tätig zu werden, wird das Bild einer facettenreichen, flüchtigen und zerbrechlichen Individuiertheit des Ich entgegengehalten.

Auch Dilthey sieht diese Folge von Pluralisierungs- und Individualisierungsprozessen sich modernisierender Gesellschaften.

Denn er betrachtet eben »Souveränität« bzw. »Charakterstärke«, nicht »Autonomie« oder »Selbstbestimmung« als Befähigung des Individuums, sich aus Identifikationen mit eigenem Leiberleben und Erwartungen immer größerer sozialer Gesellungen zu Gunsten freier Handlungswahl und freier Bestimmung der Motive des Handelns zu lösen, als Telos von Bildungsprozessen des Individuums. Das »souveräne« Individuum ist gegenüber einem autonomen oder mündigen dasjenige, das seine Triebe, Gefühle, sein Wollen und Denken eng mit sich selbst und mit ethischen Zweckzusammenhängen kultureller Systeme verbunden hat und – gestützt durch diese Bindungen – seine eigene Fragilität überwinden kann. Der Erwerb solcher Souveränität ist allerdings für Dilthey zunächst nur prinzipiell als Möglichkeit, als Bildsamkeit gegeben, insofern diese Souveränität in der teleologischen Struktur des Seelenlebens ebenso angelegt ist wie in der Entwicklung von Zweckzusammenhängen kultureller Systeme. Diltheys optimistischer Blick auf die Möglichkeit historisch-systematischer Pädagogik und auf das Erziehungssystem lässt ihn hoffen, dass diese Bildsamkeit gefördert werden kann. Gebunden ist diese Hoffnung allerdings an seine versöhnungs-, nicht differenzsemantische Konzeption von Bildungstheorie, die m.E. die pädagogische Variante des philosophischen Ansatzes Diltheys darstellt, den Rodi (1990, 25) als »synergistisches Analyse«-Programm zur Beschreibung von Kultur bezeichnet.

Zeittafel

Bisherige Darstellungen der Lebensgeschichte Diltheys (vgl. Thielen 1996, 7ff.; Groothoff/Herrmann 1971, 338ff.) benennen folgende für die Pädagogik-Konzeption wichtige und weitere Daten des Lebens Diltheys:

19.11.1833	Geboren in Biebrich am Rhein als erster Sohn des Pfarrers, späteren Dekans, Kirchenrats und Hofpredigers an der Schlosskapelle der herzoglich-nassauischen Residenz Maximilian Dilthey und seiner Ehefrau Laura.
1852	Abitur am Wiesbadener Gymnasium und Beginn eines Studiums der Theologie an der Universität Heidelberg.
1853	Wechsel an die Universität Berlin mit Erweiterung des Studiums der Theologie um Philologie, Philosophie und Geschichtswissenschaft.
1855	Nassauisches landeskirchliches theologisches Examen.
1856	Philologische Lehramtsprüfung in Berlin.
1856–1857	Hilfslehrer am Königlich Französischen Gymnasium zu Berlin.
1857–1858	Lehrer und Adjunkt (Erzieher im Internatsdienst) am Joachimsthaler Gymnasium in Berlin.
1858–1864	Wissenschaftliche Arbeiten über Schleiermacher, über Religionswissenschaft und Philosophie.
16.1.1864	Promotion mit der Abhandlung »De prinzipiis ethices Schleiermacheri«.

17.6.1864	Habilitation mit der Schrift »Versuch einer Analyse des moralischen Bewusstseins«.
1864–1867	Privatdozent an der Berliner Universität.
1867–1868	Außerordentlicher Professor in Basel.
1869–1871	Professor in Kiel.
1871–1882	Professor in Breslau.
	Vorlesungen über »Geschichte der Pädagogik mit Anwendung der Psychologie auf ihre systematische Ausbildung« (SS 1874), »Geschichte der Pädagogik und Grundlinien ihres Systems« (WS 1874/75), »Geschichte des preußischen Unterrichtswesens« (WS 1878/79).
1874	Eheschließung mit Katharina Püttmann.
1882–1908	Professor in Berlin.
1884–1895	Regelmäßige Vorlesung im SS über »Geschichte und System der Pädagogik«, im WS über »Anwendung der Psychologie auf die Pädagogik als Ergänzung der psychologischen Vorlesung«.
1888	Abhandlung »Über die Möglichkeit einer allgemeingültigen pädagogischen Wissenschaft«.
Seit 1887	Mitglied der Königlich-Preußischen Akademie der Wissenschaften in Berlin.
1900	Teilnahme an der Reichsschulkonferenz.
30.9.1911	Gestorben in Sais am Schlern.

Schriften Wilhelm Diltheys

Die Gesammelten Schriften (GS)

Bd. 1: Einleitung in die Geisteswissenschaften. Versuch einer Grundlegung für das Studium der Gesellschaft und der Geschichte. Hrsg. von Bernhard Groethuysen, 8. unveränd. Aufl. Stuttgart/Göttingen 1977.

Bd. 2: Weltanschauung und Analyse des Menschen seit Renaissance und Reformation. Hrsg. von Georg Misch, 10. Aufl. Stuttgart/Göttingen 1977.

Bd. 3: Studien zur Geschichte des deutschen Geistes. Leibniz und sein Zeitalter. Friedrich der Große und die deutsche Aufklärung. Das achtzehnte Jahrhundert und die geschichtliche Welt. Hrsg. von Paul Ritter, 5. Aufl. Stuttgart/Göttingen 1977.

Bd. 4: Die Jugendgeschichte Hegels und andere Abhandlungen zur Geschichte des deutschen Idealismus. Hrsg. von Herman Nohl, 5. Aufl. Stuttgart/Göttingen 1975.

Bd. 5 u. 6: Die geistige Welt. Einleitung in die Philosophie des Lebens.

Bd. 5 (= Erste Hälfte): Abhandlungen zur Grundlegung der Geisteswissenschaften. Hrsg. von Georg Misch, 7. Aufl. Stuttgart/Göttingen 1982. Enthält den zusammenfassenden Vorbericht des Herausgebers und wichtige Arbeiten Diltheys, u.a.: *Beiträge zur Lösung der Frage vom Ursprung unseres Glaubens an die Realität der Außenwelt und seinem Recht* (1890), *Ideen über eine beschreibende und zergliedernde Psychologie* (1894), *Die Entstehung der Hermeneutik* (1900), *Das Wesen der Philosophie* (1907).

Bd. 6 (= Zweite Hälfte): Abhandlungen zur Poetik, Ethik und Pädagogik. Hrsg. von Georg Misch, 6. Aufl. Stuttgart/Göttingen 1978. Enthält u.a.: *Die Einbildungskraft des Dichters. Bausteine für eine Poetik* (1887) und *Das Problem der Religion* (1911).

Bd. 7: Der Aufbau der geschichtlichen Welt in den Geisteswissenschaften. Hrsg. von Bernhard Groethuysen, 8. unveränd. Aufl. Stuttgart/Göttingen 1992.

Bd. 8: Weltanschauungslehre. Abhandlungen zur Philosophie der Philosophie. Hrsg. von Bernhard Groethuysen, 5. Aufl. Stuttgart/Göttingen 1977.

Bd. 9: Pädagogik. Geschichte und Grundlinien des Systems. Hrsg. von Otto F. Bollnow, 4. Aufl. Stuttgart/Göttingen 1974.

Bd. 10: System der Ethik. Hrsg. von Herman Nohl, 4. Aufl. Stuttgart/Göttingen 1981.

Bd. 11: Vom Anfang des geschichtlichen Bewusstseins. Jugendaufsätze und Erinnerungen. Hrsg. von Erich Weniger, 5. Aufl. Stuttgart/Göttingen 1988.

Bd. 12: Zur preußischen Geschichte. Schleiermachers politische Gesinnung und Wirksamkeit. Die Reorganisation des preußischen Staates. Das allgemeine Landrecht. Hrsg. von Erich Weniger, 5. Aufl., Stuttgart/Göttingen 1985.

Bd. 13: Das Leben Schleiermachers. Erster Band in zwei Halbbänden. Hrsg. von Martin Redeker, 3. Aufl. Göttingen 1979.

Bd. 14: Das Leben Schleiermachers. Zweiter Band in zwei Halbbänden: Schleiermachers System als Philosophie und Theologie. Hrsg. von Martin Redeker, Göttingen 1985.

Bd. 15: Zur Geistesgeschichte des 19. Jahrhunderts. Portraits und biographische Skizzen. Quellenstudium und Literaturberichte zur Theologie und Philosophie im 19. Jahrhundert. Hrsg. von Ulrich Herrmann, 2. Aufl. Göttingen 1981.

Bd. 16: Zur Geistesgeschichte des 19. Jahrhunderts. Aufsätze und Rezensionen aus Zeitungen und Zeitschriften 1859–1874. Hrsg. von Ulrich Herrmann, 2. Aufl. Göttingen 1988.

Bd. 17: Zur Geistesgeschichte des 19. Jahrhunderts. Aus »Westermanns Monatshefte«: Literaturbriefe, Berichte zur Kunstgeschichte, verstreute Rezensionen 1867–1884. Hrsg. von Ulrich Herrmann, 2. Aufl. Göttingen 1988.

Bd. 18: Die Wissenschaften vom Menschen, der Gesellschaft und der Geschichte. Vorarbeiten zur Einleitung in die Geisteswissenschaften (1865–1880). Hrsg. von Helmut Johach/Frithjof Rodi. Göttingen 1977.

Bd. 19: Grundlegung der Wissenschaft vom Menschen, der Gesellschaft und der Geschichte. Ausarbeitungen und Entwürfe zum zweiten

Band der Einleitung in die Geisteswissenschaften (ca. 1870–1895). Hrsg. von Helmut Johach/Frithjof Rodi. Göttingen 1982. Dieser Band enthält die *Breslauer Ausarbeitungen* und den Entwurf *Leben und Erkennen.*

Bd. 20: Logik und System der philosophischen Wissenschaften. Vorlesungen zur erkenntnistheoretischen Logik und Methodologie (1864–1903). Hrsg. von Hans-Ulrich Lessing/Frithjof Rodi. Göttingen 1990.

Bd. 21: Psychologie als Erfahrungswissenschaft. Teil 1: Vorlesungen zur Psychologie und Anthropologie (ca. 1875–1894). Hrsg. von Guy van Kerckhoven/Hans-Ulrich Lessing. Göttingen 1997.

Bd. 23: Allgemeine Geschichte der Philosophie: Vorlesungen 1900–1905. Hrsg. von Gabriele Gebhardt/Hans-Ulrich Lessing. Göttingen 2000.

Einzelne Schriften und Textsammlungen

Dilthey, Wilhelm: Schriften zur Pädagogik. Hrsg. von Hans-Hermann Groothoff /Ulrich Herrmann. Paderborn 1971.

Dilthey, Wilhelm: Über die Möglichkeit einer allgemeingültigen pädagogischen Wissenschaft. Hrsg. von Herman Nohl. Weinheim ^{5}1967.

Schulenburg von, Sigrid (Hrsg.): Briefwechsel zwischen Wilhelm Dilthey und dem Grafen Paul York von Wartenburg 1877–1897. Halle 1923. (Nachdruck Hildesheim, New York 1974).

Bibliografien

Herrmann, U.: Bibliographie Wilhelm Dilthey. Quellen und Literatur. Weinheim u.a. 1969. (Pädagogische Bibliographien. Hrsg. von: Froese, L./Rückriem G., Reihe A, Bd. 1)

Groothoff, H.-H./Herrmann, U.: Bibliographien. In: Wilhelm Dilthey – Schriften zur Pädagogik. Hrsg. von: Groothoff, H.-H./Herrmann, U. Paderborn 1971, S. 366–403.

Literaturverzeichnis

Anz, Heinrich: Hermeneutik der Individualität. Wilhelm Diltheys hermeneutische Position und ihre Aporien. In: Birus, Hendrik (Hrsg.): Hermeneutische Positionen. Schleiermacher – Dilthey – Heidegger – Gadamer. Göttingen 1982, S. 59–88.

Beck, Ulrich: Risikogesellschaft. Auf dem Weg in eine andere Moderne. Frankfurt 1986.

Groothoff, Hans-Hermann: Wilhelm Dilthey – Zur Erneuerung der Theorie der Bildung und des Bildungswesens. Hannover 1981.

Hahn, Alois: Die Systemtheorie Wilhelm Diltheys. In: Berliner Journal für Soziologie. Band 9, Heft 1. Opladen 1999, S. 5–24.

Herrmann, Ulrich: Die Pädagogik Wilhelm Diltheys. Ihr wissenschaftstheoretischer Ansatz in Diltheys Theorie der Geisteswissenschaften. Göttingen 1971.

Hohmann, Rainer: Diltheys Idee einer philosophischen Anthropologie. In: Theologie und Philosophie: Vierteljahresschrift 74 (1999), S. 204–229.

Johach, Helmut/Rodi, Frithjof: Vorbericht der Herausgeber. In: GS XIX, S. IX–LVII.

Krausser, Peter: Kritik der endlichen Vernunft. Diltheys Revolution der allgemeinen Wissenschafts- und Handlungstheorie. Frankfurt 1968.

Luhmann, Niklas: Gesellschaftsstruktur und Semantik. Studien zur Wissenssoziologie der modernen Gesellschaft, Band 3. Frankfurt 1989.

Lyotard, Jean-Francois: Das postmoderne Wissen. Ein Bericht. Graz, Wien 1986.

Misch, Clara (Hrsg.): Der junge Dilthey. Ein Lebensbild in Briefen und Tagebüchern. 1852–1870. Göttingen 1960.

Niemeyer, August Hermann: Grundsätze der Erziehung und des Unterrichts. Bd. 1. Hrsg. von Wilhelm Rein. Langensalza 1882.

Nohl, Hermann: Einleitung. In: Dilthey, Wilhelm: Über die Möglichkeit einer allgemeingültigen pädagogischen Wissenschaft. Weinheim 1967.

Rodi, Frithjof/Lessing, Hans-Ulrich: Einleitung. In: Rodi, Frithjof/Lessing, Hans-Ulrich (Hrsg.): Materialien zur Philosophie Diltheys. Frankfurt 1984, S. 7–41.

Rodi, Frithjof: Erkenntnis des Erkannten. Zur Hermeneutik des 19. und 20. Jahrhunderts. Frankfurt 1990.

Thielen, Joachim: Wilhelm Dilthey und die Entwicklung des geschichtlichen Denkens in Deutschland im ausgehenden 19. Jahrhundert. Würzburg: Koenigshausen 1999.

Thöny-Schwyn, G.: Geisteswissenschaftliche Studien zu Dilthey und zur Pestalozzi-Rezeption Nohls. Bern/Stuttgart/Wien 1997.

Uhle, Reinhard: Bildung in Moderne-Theorien – Eine Einführung. Weinheim 1993.

Uhle, Reinhard: Individualpädagogik oder Sozialerziehung. Zur Ambivalenz von Autonomie und Re-Vergemeinschaftung. Bad Heilbrunn 1995.

Welsch, Wolfgang (Hrsg.): Wege aus der Moderne. Schlüsseltexte der Postmoderne-Diskussion. Weinheim 1988.